착한 민영화는 없다

착한 민영화는 없다

초판 1쇄 발행일 2019년 4월 10일
초판 3쇄 발행일 2022년 5월 2일

글 이광호
펴낸이 김완중
펴낸곳 내일을여는책
편집총괄 김세라
디자인 윤현정
관리실장 장수대
인쇄 아주프린텍
제책 바다제책

출판등록 1993년 1월 6일(등록번호 제475-9301)
주소 전라북도 장수군 장수읍 송학로 93-9(19호)
전화 063)353-2289
팩스 063)353-2290
전자우편 wan-doll@hanmail.net
블로그 blog.naver.com/dddoll

ⓒ 이광호 2019
ISBN 978-89-7746-099-7(03300)

누가 독이 든
사과를 권하는가

착한 민영화는 없다

글 이광호

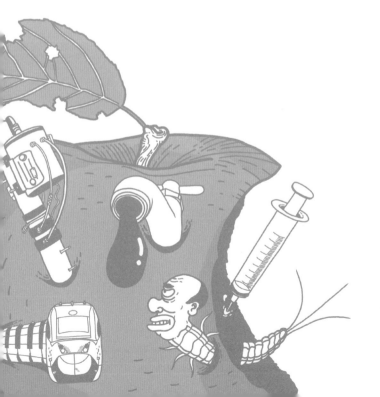

내일을여는책

가만히 있지 말자

사람은 보통 2~3분만 숨을 못 쉬면 살 수 없습니다. 산소가 없으면 생존할 수 없기 때문이죠. 산소 이외에 물, 의식주 등 기본적인 것이 없어도 인간은 살 수 없습니다. 하지만 이런 것들이 있다 해도, 외부 도전을 극복하지 못했다면 인류는 현재까지 살아남을 수 없었을 겁니다. 강한 이빨과 발톱, 재빠른 이동 속도, 큰 몸집을 가진 맹수, 지구가 얼어붙었던 빙하기 추위를 어떻게 이겨 내고 인류는 지금 같은 문명을 만들었을까요?

수백만 년 전 살았던 인류를 연구하는 고인류학자들은 인류를 오늘날까지 살아남을 수 있게 해 준 최고의 무기는 '이타심'과 '협력'이라고 합니다. 개인의 생존을 위해 산소가 없으면 안 되는 것처럼, 종으로서 인간이 생존하기 위해서는 '사회'가 필수적입니다. 사회가 잘 돌아가기 위해서 필요한 것이 이타심과 협력이죠. 간혹 이웃도, 가족도 없이 혼자만 살고 싶다고 말하는 사람이 있어요. 하지만 이건 공기 없이 살고 싶다고 말하는 것처럼 불가능한 일입니다.

인간은 사회적 동물입니다.

사람은 이타적이고 협력적이지만 동시에 이기적이고 경쟁적이기도 합니다. 가정에서도 갈등과 다툼이 생기는데 많은 사람이 모여 이룬 사회에서는 더 말할 나위가 없겠죠. 사회에서 여러 가지 갈등이 생기는 것은 사람들의 가치관이나 이해관계가 같지 않기 때문입니다. 청소년의 두발 자유나 선거 연령 인하, 동성애·낙태 문제를 둘러싼 사회 갈등은 서로 다른 가치관의 충돌입니다. 월급을 적게 주려는 사장과 많이 받으려는 노동자들, 물건을 비싸게 팔고 싶은 가게 주인과 싸게 사고 싶어 하는 소비자 사이의 갈등은 이해관계가 다르기 때문에 생기는 것이죠.

이처럼 인간이 모여 사는 사회에는 해결이 필요한 갈등이나 의제가 항상 있습니다. 그리고 사회적 의제는 시대에 따라, 장소에 따라 다릅니다. 현재 우리나라에도 수많은 사회적 의제가 있습니다. 그 가운데 이 책에서 다루는 것은 '민영화'입니다. 민영화는 1980년 이후 전 세계적으로 여러 나라에서 크게 논쟁이 되고 있는 사회적 이슈입니다.

산소가 개인이 살아가는 데 필수적인 것처럼, 현대 사회를 지탱하고 운영하는 데 필수적인 기본 재화가 있습니다. 물, 의료, 교육, 전기, 땅과 주택, 전기, 통신 같은 게 그렇습니다. 이를 공공재라고 합니다. '민영화' 논쟁은 공공재를 누가 공급할 것인가를 두고 벌이는 논쟁입니다. 여러분 가운데는 아마 '민영화 문제가 나와 무슨 관계야? 관심 없어!' 이렇게 생각하는 사람도 있을지 모르겠네요.

프랑스와 한국에서 오랫동안 생활한 어떤 분이, 우리나라 청소년들은 자기 이익이 걸린 문제에는 영악하게 계산하지만 사회적 이슈에는 무관심하다며 유럽의 청소년들은 정반대라고 이야기하더군요. 정말 그런가요? 만약 그렇다면 그것은 자기 주변과 이웃, 사회의 문제를 함께 고민하고 토론할 기회를 주지 않은 어른들과 기성 교육 시스템의 책임 아닌가요?

시험 점수를 기준으로 전국의 학생을 일렬로 줄 세우는 나라, '왜?'라는 질문을 봉쇄한 채 가만히 있으라고만 하는 사회, 교실이 상급학교 진학을 위한 학원처럼 된 학교. 이런 곳에서만 생활한다면 사회적인 문제에 관심을 갖게 될 기회가 적을 수밖에 없겠죠.

프랑스에서는 해고를 쉽게 하는 노동법을 만드는 것에 반대해서 고등학생들이 수업을 거부하고 거리로 나왔고, 벨기에 고등학생들은 어른들에게 지구 온난화 문제 해결을 촉구하는 시위를 했습니다. 대학생과 초등학생도 함께 했죠. 우리나라에서도 지난 2016~2017년 촛불 시위에 많은 중고생이 함께했지요.

거리에서 시위하는 것 자체보다 청소년들도 사회 문제에 관심을 갖고 자신들의 목소리를 다양한 방식으로 내는 게 중요합니다. 그러기 위해서는 우선 사회 문제에 관심을 갖고 그 내용을 알아야 되겠죠. 민영화는 물론, 모든 사회적 이슈에 대해서는 다양한 견해가 있습니다. 다양한 견해가 서로 부딪치고 토론하면서 해결책을 찾아내는 과정이 민주주의입니다.

민영화는 여러분들이 평소에 바로 자기 문제라고 생각하지 않았던 주제일 수도 있어요. 하지만 사회적 이슈에 직간접적으로 영향을 받지 않는 경우는 별로 없습니다. 여러분을 포함한 우리 모두의 삶에 적잖은 영향을 주는 민영화에 대한 공부를 한번 시작해 볼까요?

민영화 논쟁은 전 세계적으로 진행되고 있는 뜨거운 이슈입니다. 이에 따라 많은 연구자와 활동가들이 민영화 문제점을 연구하고, 이에 대항해 투쟁하고 있습니다. 연구 결과와 투쟁을 기록한 수많은 저서와 논문, 자료가 이 책을 쓰는 데 큰 도움이 됐습니다. 이 책에서는 책과 논문 그리고 각종 자료를 참고하거나 인용한 부분을 본문에 일일이 밝히지 않았습니다. 이 자리를 통해 많은 연구자와 활동가들에게 감사의 말씀을 드립니다.

글을 시작하며

2007년, 미국 펜실베이니아주에 사는 여고생 힐러리 트랜슈는 법정에 섰습니다. 힐러리는 자신의 개인 홈페이지에 교감 선생님을 조롱하는 풍자 글을 올렸는데, 이런 행위가 모욕죄에 해당한다는 이유 때문이었죠. 힐러리는 판사의 '엄한 꾸지람' 정도로 사태가 끝날 줄 알았습니다. 힐러리는 '모범생'이었고, 홈페이지에 올린 글 끄트머리에도 "그저 농담일 뿐"이라고 분명히 써놨거든요.

아, 그런데 이게 뭔가요? 판사는 힐러리에게 3개월 실형을 선고했습니다. 힐러리는 법정에서 수갑이 채워진 채 소년원으로 끌려갔습니다. 망연자실한 눈으로 자신을 바라보는 부모님을 뒤로 한 채 말이죠. 힐러리는 '초현실적인 악몽'을 꾸는 것 같았죠. 그녀의 나이는 17세였습니다. 도대체 어떻게 이런 일이 벌어질 수 있었을까요?

어이없는 판결의 비밀은 곧 드러났습니다. 교도소, 소년원의 '민영화'가 배후에 도사리고 있었고, 돈벌이에 혈안이 된 일부 어른들의 부패가 직접 원인이었습니다. 정부가 운영해야 하는 공적 업무인 교정 업무를 민간 업자에게 넘긴 것입니다. 소년원 운영 업자는 한 명의 청소년이라도 더 유치해야 돈을 법니다. 수감된 청소년 죄수의 머릿수만큼 정부 보조금을 받을 수 있으니까요. 시설 운영 업자들에게 소년원에 온 청소년은 한때의 실수를 극복하고 새롭게 출발할 수 있도록 손잡아 줘야 하는 대상이 아니라, 자신들의 주머니를 두둑하게 해 주는 돈줄일 따름이었죠.

코나핸과 슈바렐라라는 두 명의 판사는 2002년부터 2006년까지 5년 동안 5,000여 명의 청소년에게 실형을 선고해 소년원으로 보냈습니다. 물론 그중에는 '죄질'이 무거워 소년원에 보낼 수밖에 없었던 경우도 있었겠죠. 하지만 이 두 명의 판사는 다른 판사들보다 월등히 높은 비율로 청소년들에게 실형을 내려 소년원에 보냈습니다. 몸에 돈독이 올라 미치지 않고서야 어찌 이런 일을 할 수 있을까요? 두 판사는 소년원을 운영하던 회사인 펜실베이니아아동보호소로부터 사례비 30억 원을 챙겼습니다. 사실상 뇌물을 받은 것이죠.

소년원 또는 교도소는 징벌과 함께 이른바 '교화'가 이뤄지는 장소입니다. 하지만 민영화된 소년원이나 교도소의 목표는 그런 것이 아니죠. 이윤 추구가 최고의 목표입니다. 죄수가 많을수록 돈을 많이 벌 수 있겠죠. 두 판사가 소년원에 보낸 청소년 가운데 상당수는 그곳에 처음 가는 아이들이었습니다. 징벌과 교정 행정은 국가의 중요 기능 가운데 하나인데 이를 민간 업자에게 돈벌이 수단으로 넘겨주면서 생긴 일입니다. 민영화의 부작용이 무엇인지를 분명하게 보여주는 사례라고 할 수 있습니다. 이런 일은 아주 흔한 일은 아니겠지만 공공재 성격을 가지고 있는 재화나 사회서비스를 민간 업자에게 넘겼을 때 나타날 수 있는 대표적인 부작용입니다.

그런데 말입니다. 우리나라 정부도 바로 이런 정책을 실시하겠 다고 합니다. 정부는 2018년 8월 '민영 소년원의 설치·운영에 관 한 법률' 제정안을 국무회의에서 통과시켰습니다. 이 법안에 따르 면 종교 단체나 민간 기관이 소년원을 운영할 수 있습니다. 정부는 2023년 이후 민영 소년원이 문을 열 수 있도록 하겠답니다. 정부의 이런 움직임에 대해 변호사단체 등 시민사회에서는 국가 업무를 민 간 부문으로 위탁하는 것에 반대한다는 입장을 밝혔습니다.

놀라운 것은 우리나라에 이미 민영화된 교도소가 있다는 사실입 니다. 2010년 12월 아시아 최초의 민간 교도소가 우리나라에 세워 졌습니다. 경기도 여주에 있는 소망교도소인데 기독교 관련 재단에 서 운영하고 있어요. 최대 수용 인원 360명 규모입니다. 교도소 운 영 경비 대부분은 정부가 지급합니다. 물론 국민 세금이죠.

민간 교도소는 미국에서 가장 먼저 생겼고, 규모도 가장 큽니다. 영리를 위한 민영 교도소가 사업적으로 성공하려면 무엇보다도 죄 수가 많아야 됩니다. 미국에서는 늘어나는 죄수를 수용하기 위해 민영 교도소가 만들어졌지만, 민영 교도소가 늘어나면서 죄수가 늘 어난 측면도 있다는 연구가 있어요. 앞에서 말한 소년원의 사례에 서 보듯이 말이죠. 우리나라의 경우 전체 재소자는 3만6,000여 명 입니다. 소망교도소는 수용 인원이 최대 360명이니 전체 재소자의 1% 수준입니다. 그래서인지 아직 교도소 민영화는 사회적 관심사로 떠오르지 않고 있습니다. 하지만 민영 소년원과 함께 민영 교도소 문제는 앞으로 우리 사회의 중요 쟁점으로 떠오를 수 있습니다.

교정 업무는 물론 철도, 수도, 의료, 에너지 등 국민 생활에 필수적인 공공재의 공급 주체를 민영화하려는 움직임과 이에 맞선 싸움이 지금도 우리나라는 물론 세계 곳곳에서 벌어지고 있습니다. 재화와 서비스는 인간의 필요, 효용을 충족시켜 주는 상품으로 경제학에서 사용하는 중요한 개념입니다. 재화는 자동차, 책, 스마트폰처럼 눈에 보이는 유형의 물건이고, 서비스는 교육, 의료, 통신, 금융처럼 눈에 안 보이는 무형의 재화라고 할 수 있습니다.

· · ·

우리나라는 석유나 가스 같은 부존자원이 거의 없는 나라입니다. 대부분 수입해서 사용하죠. 이런 나라 사정을 감안하여 해외에 직접 투자해서 석유, 가스, 광물을 발굴하기도 합니다. 중동에서 원유를 구입하는 대신 외국의 석유·천연가스 생산업체를 아예 사들이거나 외국 회사와 합작해서 직접 자원을 개발하는 방식이죠. 하베스트라는 캐나다 석유 회사를 산 것이 대표적인 사례입니다. 이런 사업을 하는 대표적인 국내 기업으로는 한국석유공사, 한국가스공사, 한국광물자원공사가 있습니다. 회사 이름에 '공사'가 들어갔습니다. 정부가 출자 지분을 가지고 있는 공기업입니다.

자원 개발을 위해 투자되는 돈은 규모가 어마어마하게 크죠.

2017년 6월 기준으로 해외 자원 개발을 위한 투자액은 43조4,000억 원입니다. 그런데 이 가운데 손실이 확정된 금액이 무려 13조6,000억 원입니다. 투자했는데 수익은 얻지 못한 채 허공에 날려 버린 돈이죠. 회수한 돈은 16조7,000억 원에 불과합니다. 그런데 실제로 따져 보면 손실액은 20조 원에까지 이를 수 있다고 합니다. 투자금의 거의 반을 날렸다는 얘기입니다. 위에서 말한 캐나다 하베스트에도 4조5,000억 원을 투자했는데 이미 3조5,000억 원을 날렸고 자칫하면 거의 다 날릴 수도 있다고 합니다. 어떻게 이런 일이 생길 수 있을까요? 일반 기업이라면 이미 망하고 남았을 규모의 손실이죠. 아니, 민간 사기업이라면 망하기 이전에 이런 투자는 하지 않았을 겁니다. 세 개의 공기업은 대한민국이라는 나라가 망하기 전에는 문 닫을 일이 없는 회사입니다. 손실이 발생하면 세금으로 메워 주기 때문입니다. 이런 부실은 과거 특정 정권 시기에 집중적으로 발생했습니다. 주로 이명박 대통령 집권 5년(2008~2013년) 시절이죠. 이런 어이없는 결과는 공기업 경영진이 국민보다 권력 가진 사람 눈치를 더 보고 회사를 운영했기 때문일 것입니다. 손실을 봐도 세금으로 지원해 줄 것이라는 도덕적 해이도 있었을 것이고요.

이 책은 공기업 민영화에 대해 비판적 입장을 가지고 있습니다. 하지만 공기업이라고 해서 아무 문제가 없는 것은 아닙니다. 쇄신이 필요한 공기업도 많습니다. 공기업은 국민 생활의 향상에 기여하는 기업이 되어야지, 권력을 잡은 사람의 비밀스러운 이권을 보장해 주거나 경쟁 없는 정부 독점 사업자라고 안일하게 경영하는 기업이 돼서는 안 되겠죠.

· · ·

우리 사회에서는 최근까지도 '민영화'가 사회 쟁점으로 떠오르고 있습니다. 의료와 철도 부문 민영화가 그 대표적인 사례입니다. 국민 다수가 의료·철도 민영화에 반대했음에도 불구하고 이명박·박근혜 정부는 이를 밀어붙이려고 했습니다. 그러다가 2008년과 2016년, 촛불 시민의 힘으로 이를 저지했습니다. 여기서 우리가 주목해야 할 대목이 있습니다. 민영화를 할 것인가, 말 것인가는 최종 주권자인 국민의 힘으로 정할 수 있고, 그래야 한다는 것이죠. 그러기 위해서는 모두가 '깨어 있는 시민, 깨어 있는 청소년'이 되어야 하겠죠. 주권 위에서 잠을 자고 있으면 주인이 아니라 노예가 될 수 있습니다. 민영화는 경제 문제일 뿐 아니라 정치 문제이고, 다른 사람들 문제가 아니라 바로 우리 모두의 문제라는 사실을 기억해 둘 필요가 있어요.

민영화 논란은 우리나라만의 문제가 아닙니다. 세계 곳곳에서 의료, 철도, 물, 전기, 에너지, 통신 등의 분야에서 민영화 찬반 논리가 지금도 부딪치고 있습니다. 각각의 주장에는 자기 논리와 철학이 있습니다. 단순한 경제 논리 간의 충돌을 넘어섰죠. 민영화 논쟁에는 인간과 사회, 그리고 국가와 정부를 바라보는 시각, 즉 인간관과 세계관의 차이가 내재되어 있습니다.

1부에서는 주요 공공 분야에서 벌어지고 있는 민영화 논쟁과 사례를 구체적으로 짚어 보고, 2부에서는 민영화 논쟁의 바닥에 깔려 있는 인간에 대한 시각(철학), 국가에 대한 시각(정치학), 시장에 대한 시각(경제학) 등을 둘러싼 상충하는 이론을 좀 더 깊이 있게 살펴보겠습니다. 민영화는 우리 삶에 직접 영향을 미치는 정책입니다. 깊이 알아야 좋은 대안을 만들 수 있습니다.

민영화는 의료 같은 사회 공공 서비스를 민간 부문으로 전환하고 공공재를 공급하는 기존의 공기업을 사기업으로 전환시키는 것이라는 점에서 '민영화'가 아니라 '사영화(privatization. 사기업화)'로 불러야 된다고 주장하는 사람들도 많습니다. 일리 있는 지적이라고 봅니다. 하지만 이 책에서는 사회적으로 널리 쓰이는 '민영화'라는 용어를 사용하겠습니다.

1부

공공재를
지켜라!

．
．
．

　1부에서는 의료, 철도, 전기, 통신, 물, 토지 등 주요 공공재의 민영화를 둘러싼 논쟁과 국내외 사례를 살펴볼 것입니다. 우리나라의 경우 의료와 철도, 전기를 비롯한 에너지는 공기업과 공적 보험이 주도해서 공급하고 있습니다. 하지만 의료 민영화, 철도 민영화, 에너지 민영화를 주장하는 목소리가 끊이지 않고 있습니다. 민간 의료보험회사와 민간 발전회사도 있긴 하지만 아직 큰 비중을 차지하고 있지는 않습니다. 공공성 강화보다는 이윤 확보를 중시하는 민간 보험사와 발전회사는 호시탐탐 민영화를 노리고 있습니다.

　한때 정부가 직접 운영하던 통신은 이미 민영화가 돼서 SK텔레콤, KT, LG유플러스의 3개 민간 사기업이 시장을 나눠 가지고 있죠. 통신이 가진 공공성 때문에 정부가 통신비 인가권을 가지고 있긴 하지만 이들 3개 회사는 정부가 통신비 결정에 개입하는 것을 강하게 반대하고 있습니다. 이 문제도 현재 논쟁 중입니다.

　상하수도 사업은 정부가 주도하지만, 생수 시장처럼 '먹는 물' 시장은 민간 사기업들의 경쟁의 장이 된 지 오래입니다. 상하수도 시장 역시 민영화 추진 세력과 이에 저항하는 세력이 충돌하고 있습니다. 역대 정부는 물 시장의 민영화를 위한 계획을 입안했지만 많은 국민의 반대

．
．
．

때문에, 드러내 놓고는 시행하지 못하고 소리 안 나게 조금씩 민영화를 향해 나아가고 있는 중입니다. 우리가 물 민영화에 관심의 끈을 놓으면 안 되는 이유입니다.

토지는 공공재이지만 이미 사유재산권을 앞세워 민간 소유가 됐습니다. 주택도 마찬가지입니다. 정부가 공급하는 공공주택이 있지만, 비율은 낮은 편입니다. 토지 공유화 또는 국유화를 주장하는 사람도 있지만, 소수에 불과합니다. 대신 토지에서 나오는 이익금을 높은 세금으로 환수해야 한다는 주장이 많은 사람의 지지를 받고 있습니다. 공공재인 토지와 주택이 사유 재산이 됨으로써 모순이 많이 터져 나오고 있어요. 집값, 전·월세 가격 폭등으로 발생하는 사회문제가 대표적인 사례죠.

자, 이제 주요 공공재의 민영화 여부를 둘러싼 논쟁과 현황을 하나씩 찬찬히 살펴보도록 할까요.

01 미국 닮으면 안 됩니다

의료 촛불 시민, 민영화 막아 내다

다섯 개 병원, 다섯 개 절차

여러분, 감기 걸렸을 때 어떻게 하시나요? 참을 수만 있다면 참 겠는데, 계속 머리가 지끈거리고 온몸에 오한이 나고 기침, 콧물이 멈추지 않는다면 병원에 가는 수밖에 없겠죠. 병원에 가면 어떤 일이 벌어질까요? 여러분이 어느 나라에서 태어났느냐에 따라 조금 또는 많이 달라질 수 있어요. 나라별로 어떤 차이가 있는지 한번 알아볼까요?

붓꽃나라 먼저 알아보겠습니다. 붓꽃나라에 사는 중학생 다래가 감기에 걸렸습니다. 병원에 가려고 합니다. 다래가 제일 먼저 해야 할 일은 자기 가족 주치의에게 전화해서 진료 예약을 하는 것입니다. 병원은 보통 집 근처에 있어요. 붓꽃나라 사람들은 모두 자신의 주치의가 있죠. 주치의는 특정 분야만 담당하는 전공의와 달리 여러 분야를 검진하고 진료하는 일반 의사입니다. 가정의라고도 하죠. 다래도 당연히 주치의가 있어요. 예약된 날 병원에 가서 진료를 받습니다. 병원에 갈 때 가져가야 할 카드가 있어요. 이 나라에서는

'생명카드'라고 부르죠. 진료를 받은 후 카드를 제시하면 끝입니다. 특별히 따로 진료비를 낼 필요 없이 보험 처리가 됩니다. 약이 필요하면 의사가 처방전을 써 줍니다. 이 처방전을 가지고 약국에 가서 약을 타죠. 처방 약 가운데 보험 처리가 안 되는 약('비급여 약'이라고 하죠)이 있으면 돈을 따로 내야 하지만 대부분 보험 처리가 되기 때문에 생명카드만 있으면 모든 게 해결돼요. 참 간단하죠? 이렇게 간단하고 돈 안 드는 진료가 가능한 것은 모든 국민이 공공 의료보험에 가입해서 일정액의 보험료를 내기 때문이에요.

살구꽃나라를 알아볼까요? 살구꽃나라에 사는 어린이 초은이가 감기에 걸렸습니다. 병원에 가야겠죠? 가까운 동네 병원에 갑니다. 주치의 제도는 없지만, 동네에 병원이 많아서 먼 데까지 이동할 필요는 없습니다. 감기에 걸렸으니 내과를 찾아갑니다. 큰 병원이 아닌 한 보통 걸어서 갈 수 있을 정도의 거리에 병원이 있습니다. 다만 환자들이 많아서 병원에서 좀 기다려야 할 때가 종종 있어요. 의사 선생님이 진료를 하고 처방을 해 줍니다. 진료비는 보통 5,000원 정도지만 그보다 좀 싼 경우도 있습니다. 의사 선생님이 발급해 준 처방전을 갖고 약국에 갑니다. 모든 약국은 병원과 같은 건물에 있거나 옆 건물에 있어요. 거기서 약을 사죠. 약값은 평균적으로 2,000~3,000원 정도가 됩니다. 이 나라 국민도 모두 국민 의료보험에 가입해 있어요. 아이들의 경우 부모님이 가입한 건강보험으로 대신하면 됩니다. 초은이도 아빠가 회사에서 가입한 건강보험을 가지고 진료를 받으면 됩니다. 건강보험이 있는 대부분의 나라가 그렇답니다. 전 국민이 건강보험에 의무적으로 가입해야 하지만, 의료보험료를 낼 수 없어서 의료보험 혜택을 받지 못하는 사람들도 있습니다.

이제 **복사꽃나라** 얘기를 해볼게요. 복사꽃나라는 살구꽃나라와 비슷합니다. 복사꽃나라 초등학생인 둘리가 몸살에 걸려서 학교 대신 병원에 가야만 했습니다. 둘리 엄마도 감기 기운이 있어서 함께 동네 병원에 갔죠. 의사 선생님이 진단을 한 후 둘리에게 학교를 며칠 쉬고 집에서 안정을 취해야 한다고 말씀하셨습니다. 둘리는 몸은 아팠지만, 학교에 안 가도 된다는 말을 듣고 기분이 좋아졌죠. 둘리 엄마도 간단한 진료와 처방을 받았습니다. 둘리 엄마가 진료비를 계산하고 의사 선생님의 처방전을 받았습니다. 엄마의 영수증에는 진료비가 5,000원으로 찍혔습니다. 약국에서 내는 약값도 비슷한 수준입니다. 그런데 둘리는 진료비를 내지 않았습니다. 복사꽃나라에서는 18세까지는 진료비가 무료입니다. 지방자치단체에 따라서 조금씩 다르긴 합니다. 복사꽃나라에도 모든 국민이 가입하는 의료보험이 있죠.

살구꽃나라에서 살던 유림이는 지금 **장미꽃나라**에 살고 있습니다. 유림이 아빠가 회사 업무 때문에 3년 동안 장미꽃나라에서 살아야 하기 때문입니다. 장기간의 해외 출장인 셈이죠. 유림이는 장미꽃나라는 처음이고, 이 나라 말도 아직 배우지 못해 힘들어하고 있었죠. 유림이는 장미꽃나라 아이들이 다니는 학교에 다녀야 했습니다. 장미꽃나라 아이들이 잘 대해 줬지만, 유림이는 아직 낯선 환경에 충분히 적응하지 못했어요. 긴장을 많이 해서 그런지 갑자기 열이 나면서 감기몸살 기운이 있어서 병원에 가게 됐죠. 이 나라도 붓꽃나라처럼 주치의 제도가 있어요. 동네에 있는 병원에는 전공 의사가 아닌 일반 의사와 치과 의사가 있죠. 긴급한 상황이 아니면 동네 병원에 먼저 들러서 주치의의 진료를 받아야 하죠. 만약 좀 더 규모가 큰 종합병원에 가야 할 경우는 응급 환자가 아닌 한 동네 병원 주치의의 동의가 있어야 합니다. 장미꽃나라는 자기 나라 국민이 아니더라도 6개월 이상 이 나라에 머무는 비자를 가진 모든 사람을 무상으로 치료해 줍니다. 아주 오래전부터 이런 제도를 운영해왔다고 하는군요. 유림이는 장미꽃나라 국민과 똑같이 차별받지 않고 무상의료 혜택을 받을 수 있었어요. 다만 의사 선생님이 건네준 처방전을 가지고 약국에서 약을 살 때는 돈을 내야 합니다. 약값은 7,000원 안팎 수준입니다.

할리는 **밤꽃나라**에 사는 어린이입니다. 살구꽃나라에 사는 외국 친구 초은이가 어느 날 할리에게 SNS를 통해 물어왔습니다.

"할리야, 네가 만약 감기에 걸려서 병원에 가면 진료비가 얼마야?"

할리는 엄마에게 물어봤습니다.

"엄마, 내가 감기 걸려서 병원 치료를 받으면 돈을 얼마 정도 내야 해요?"

엄마가 좀 머뭇거리다가 잠시 후 말씀하셨습니다.

"음, 그러니까 그게… 어, 그게 얼마라고 말하기가 어려운데,
음… 왜 그러냐면 사람에 따라, 그러니까 어느 회사에 다니느
냐에 따라 다르기 때문이야. 자기가 다니는 회사가 어느 보험
회사와 계약을 맺었느냐에 따라 다르거든. 아이들의 경우 자
기 아빠나 엄마가 어느 회사에 다니느냐에 따라 모두 다르지.
음, 한마디로 천차만별이라고 얘기할 수 있어."

"그러니까 평균 얼마 정도 되냐고요?"

할리가 답답하다는 듯 되물었습니다.

"할리야, 사실 우리 밤꽃나라 의료 제도는 너무 복잡해서 어
른들도 정확하게 말할 수가 없단다. 우리나라에는 모든 국민
이 가입해야 하는 공공 의료보험 또는 건강보험 제도가 없어.
각 민간 보험회사가 수많은 종류의 의료보험 상품을 내놓고,
수많은 병원이 여러 민간 보험회사들과 따로 계약을 맺지. 그
러니까 네 아빠가 다니시는 회사는 특정한 보험회사와 계약
을 맺고, 우리는 그 보험회사와 계약을 맺은 병원에 가서 진

료를 받아야 한단다. 사람들이 내는 보험료도 아주 비싼 것부터 싼 것까지 굉장히 다양해. 옆집에 사는 네 친구 세라 아빠의 보험과 네 아빠의 보험이 서로 다른 거야. 그러니까 너와 네 친구 세라가 똑같이 감기에 걸려서 같은 병원에 갔다 하더라도 병원비는 다르게 나올 수 있단다. 다른 나라 사람들은 평생 가도 우리나라 의료보험 내용을 이해할 수 없을 거야. 또, 우리 밤꽃나라 사람들은 모든 국민이 의무적으로 공공 의료보험에 가입한다는 게 어떤 것인지 이해하지 못하지. 그런 걸 경험해 보지 않았으니까 말이야." 그리고 덧붙였습니다. "할리야, 감기 걸려서 병원에 가도 자기가 어떤 보험에 들었느냐에 따라 치료비 차이가 크지만, 밤꽃나라가 다른 나라보다 의료비가 매우 비싸다는 것은 분명한 사실이란다."

사실 밤꽃나라는 의료비가 비싼 걸로 세계적으로 악명 높은 나라이기도 하죠. 또 의료보험 제도가 너무 복잡해서 이 나라 국민 중에 내용을 모두 아는 사람은 거의 없다고 보면 됩니다. 심지어 밤꽃나라 내과 의사의 절반을 훨씬 넘는 60%가 의료보험 제도의 내용에 대해 잘 모른다고 대답했다고 하니 더 말해 무엇 하겠습니까.

지금까지 우리는 5개 나라의 감기 치료 절차와 비용에 대해서 알아봤습니다. 5개 나라는 현실에 있는 나라들이에요. 여러분이라면 어떤 나라에서 살고 싶은가요? 어떤 나라에서는 살고 싶지 않은가요? 5개 나라 가운데 대한민국이 포함돼 있을까요? 포함되어 있다면 어느 나라일까요?

자, 이제 퀴즈를 낼게요. 같은 나라끼리 줄을 이어보세요.

붓꽃나라 •   • 미국

살구꽃나라 •   • 일본

복사꽃나라 •   • 프랑스

장미꽃나라 •   • 영국

밤꽃나라 •   • 대한민국

정답은? 네. 붓꽃나라는 프랑스입니다. 살구꽃나라는 대한민국, 복사꽃나라는 일본, 장미꽃나라는 영국, 밤꽃나라는 미국이죠. 왜 이렇게 나라마다 의료보험 또는 건강보험 제도가 다를까요?

미국은 의료 제도 후진국

아주 오래전 옛날에는 사람들이 병에 걸렸을 때 제대로 치료를 받을 수가 없었겠죠. 우선 의료 기술이 발달하지 않은데다가 지금 처럼 보통 사람들이 손쉽게 이용할 수 있는 병원이나 약국이 거의 없었기 때문이죠. 가까운 과거인 조선 시대에는 허준의 『동의보감』 이 보급되면서 증상에 따라 침도 놓고, 뜸도 뜨고, 약재를 만들어 병을 치료했습니다. 하지만 이렇게 해도 낫지 않을 경우는 굿이나 주술 같은 초자연적 힘을 빌렸습니다. 의료 기술이 지금보다 훨씬 뒤

떨어진 것은 물론이고, 백성들이 아프면 치료를 제공해 주는 현재와 같은 제도가 없었죠. 우리나라뿐 아니라 고대나 중세 시대 국가에서는 다 마찬가지였습니다.

이런 의료 환경은 어떤 결과를 가져왔을까요? 그 결과를 아주 분명하게 보여 주는 통계가 있습니다. 바로 평균 수명입니다. 조선시대 사람들의 평균 수명이 25세라는 자료가 있습니다. 이와는 달리 평균 수명을 35세로 본 연구 자료도 있습니다. 당시 일반 백성보다는 더 오래 살았을 것으로 예상되는 조선 임금의 평균 수명은 46세였다고 합니다. 우리나라만 그런 건 물론 아니죠. 로마시대 사람들의 평균 수명도 20대 중반(24~28세)이라고 합니다. 16~18세기 유럽인의 평균 수명도 21~34세에 불과하다는 연구 자료도 있습니다. 오래전 통계라 정확도는 떨어질 수 있지만 인류의 평균 수명이 최근까지만 해도 30대를 넘지 못했다는 것을 말해주는 것이죠. 아, 잠깐! 옛날 사람들 평균 수명을 말할 때 우리가 염두에 둬야 할 것이 있습니다. 평균 수명이 이렇게 깜짝 놀랄 정도로 낮은 것은 영아 사망률, 즉 태어난 지 얼마 되지 않은 갓난아이가 사망하는 비율이 지금보다 훨씬 높았기 때문이라는 사실입니다. 영아 사망률을 감안하지 않으면 평균 수명은 늘어나겠죠. 예를 들어 로마의 경우 5세까지 살아남은 사람의 평균 수명은 42세라는 연구도 있습니다. 일찍 사망한 어린이까지 포함된 전체 인구의 평균 수명을 계산하면 훨씬 낮아질 수밖에 없겠죠.

현대에 와서는 평균 수명이 놀라울 정도로 늘어났습니다. 우리나라의 경우 남자는 78세, 여자는 85세라고 합니다. 오늘날에는 전 세계 모든 국가의 평균 수명은 50세 이상입니다. 이처럼 사람들의 평균 수명이 높아진 것은 의료 기술의 발전 때문이기도 하지만, 의료 혜택이 모든 사람에게 골고루 돌아가는 제도 때문이기도 합니다. 전 국민 의료보험 제도가 없는 미국이 선진국 가운데 평균 수명이 가장 낮은 나라 중 하나로 꼽히고, 영아 사망률도 높은 나라인 것도 이런 맥락에서 이해할 수 있겠죠. 의료 기술은 세계 최고 수준이더라도 의료 제도가 후진적이기 때문에 나타나는 현상이죠. 하지만 평균 수명을 국가별로 비교하는 것은 큰 의미가 없을 수도 있어요. 왜냐하면 한 국가 안에서도 부유층과 빈곤층 간의 평균 수명은 차이가 납니다. 부유층의 평균 수명이 높죠. 미국의 경우 부유층 백인 여성은 빈곤층 인디언계 원주민 남성보다 평균적으로 20세 정도 더 오래 산다는 연구 결과도 있어요. 건강과 수명의 차이는 개인 차이가 아니라 환경과 제도의 차이에서 오는 것이라는 사실을 말해 주는 사례라고 할 수 있습니다.

세상에 병에 걸리고 싶어서 걸리는 사람은 없습니다. 누구나 어쩔 수 없이 여러 가지 이유로 아프게 되지요. 부처님이 말씀하신 인생의 네 가지 고통은 '생로병사(生老病死)'입니다. 병에 걸려 고통을 당하는 것은 인간의 숙명이죠. 자신의 선택이 아닙니다. 그렇다면 인간의 숙명인 병을 어떻게 다뤄야 할까요? 여러 가지 방법이 있습니다. 그 나라 사람들이 어떤 방법을 선택하느냐에 따라 달라집니다. 우리가 위에서 예를 든 5개 나라의 의료보험 제도가 다른 것도 그 나라 사람들이 선택한 제도가 서로 다르기 때문이죠. 물론 현재 있는 제도에 불만인 사람은 제도를 고치려고 할 테고 그렇지 않은 사람들은 그대로 두고 싶어 하겠죠. 미국에서도 한국에서도 유럽에서도 지금도 이 제도를 두고 '고칠 것인가 말 것인가', '고친다면 어떻게 고칠 것인가' 하는 주제로 논쟁이 벌어지고 있습니다. 사회적으로 힘이 센 사람 또는 세력들의 뜻대로 제도가 만들어지는 경우가 많습니다. 위 5개 나라가 각각 조금씩 다르지만 크게 두 가지로 나눌 수 있습니다. 하나는 의료 문제를 사회가 함께 풀어가는 공공성의 차원에서 해결하는 것이고, 다른 하나는 개인과 사기업에 맡기는, 즉 흔히 말하는 '시장'에 맡기는 방안입니다. 공공 의료 제도를 갖춘 나라 중에 영국은 재정(국민 세금)으로 의료비를 부담하고, 한국·프랑스·일본은 의료보험(건강보험)으로 해결하죠.

　미국의 경우는 시장에 맡기는 제도입니다. 미국은 이미 말했듯이 의료비는 비싸고, 민간 중심의 의료보험 제도는 복잡하기로 악명이 높습니다. 보험도 병원도 영리를 목적으로 하기 때문이죠. 국민 건강보다 이윤을 앞세우는 민간 회사들에게 의료를 떠맡겼기 때문입니다. 오바마 미국 전 대통령이 전 국민이 의무적으로 의료보험에 가입하게 만드는 법을 만들 때도 여러 이유로 반대한 대표적인 곳이 민간 의료보험 회사였죠. 정치적 경쟁자인 미국 공화당도 반대를 했고요. 사회적으로 힘 센 사람 또는 세력이 제도를 만드는 데 영향력을 많이 행사한다고 했는데, 미국의 경우 돈과 강력한 로비력을 앞세운 민간 보험회사의 힘이 크게 작용했죠. 아무튼 한 국가가 어떤 의료 제도를 선택할 것인가 하는 문제는 그 나라의 다양한 단체나 세력들의 경쟁과 타협 속에서 이뤄지게 됩니다. 여러분이라면 어떤 사회를 선택할 건가요?

식당과 병원

배고플 때 먹는 밥과 아플 때 받는 치료는 어떻게 다를까요? 우리가 식당에서 한 끼 식사를 한다고 가정해 보죠. 사람들이 선택하는 식사 메뉴는 셀 수 없이 많을 것입니다. 사람들은 어떤 음식을 선택할까요? 라면을 먹는 사람이 있습니다. 맛있어서 먹는 경우도 있겠지만 주머니 사정이 넉넉지 못해서 먹는 사람도 있을 겁니다. 분식집에서 사 먹는 라면은 한 그릇에 보통 3,000~4,000원 정도 합니다. 돈이 부족해서 라면을 못 사 먹겠다고요? 방법이 있죠. 편의점에서는 삼각김밥을 팝니다. 900원부터 1,300원 정도 주면 삼각김밥 한 개를 사 먹을 수가 있죠. 비교적 싸게 한 끼를 해결하는 방법입니다.

그럼 이번에는 좀 비싼 식사를 알아볼까요? 사실 비싼 음식 한 끼의 가격은 그 한계가 없을 정도입니다. 서울에서 최고급 호텔 식당의 경우 한 끼에 30만 원이나 되는 음식이 있어요. 그런가 하면 어떤 음식은 한 끼 가격이 믿기지 않을 정도로 비쌉니다. 도대체 얼마냐고요? 놀라지 마세요. 무려 4,000만 원이나 해요. 영국의 한 호텔에서 파는 벨기에산 초콜릿 푸딩이라는 음식이라고 합니다. 왜 이렇게 비쌀까요? 이 음식에는 다이아몬드가 함께 따라 나오기 때문이죠. 다이아몬드를 먹을 수 있냐고요? 물론 먹을 수 없습니다. 이 정도 가격이면 음식을 먹는 것이 아니라 돈 많은 것을 과시하려는 행동이라고 볼 수밖에 없을 겁니다. 이 세상에는 이처럼 상상을 초월하는 비싼 음식을 사 먹는 사람이 있는가 하면, 돈이 없어서 끼니를 굶는 사람도 있습니다. 대부분의 사람들은 하루 세 끼 식사를 합니다. 가격이 높든 낮든 끼니 때가 돌아오면 먹어야 살 수 있으니까요. 기름을 넣지 않으면 차가 움직일 수 없는 것처럼 식사를 하지 않으면 사람도 살 수가 없지요.

그렇다면 아플 때 받는 치료는 어떨까요? 의료 서비스를 구입하는 것과 음식을 구입하는 것은 어떻게 다를까요? 가난한 사람이 감기 걸렸을 때와 부자가 감기 걸렸을 때, 의사는 다른 처방을 내릴까요? 가난한 사람을 맹장염 수술할 때와 부자를 맹장염 수술할 때, 의사가 다른 방법으로 수술할까요? 감기가 나으려면 알약 두 개를 먹어야 하는데 가난한 사람에게는 한 알만 줘도 될까요? 가난한 사람은 치료비를 많이 낼 수 없다는 이유로 맹장 수술을 반 정도 하다가 도중에 중단하고 퇴원시키나요? 물론 그러면 안 되겠죠. 식사는 주머니 사정과 취향에 따라 선택할 수 있습니다. 부자가 짜장면을 사 먹기도 하고, 때로 김밥을 사 먹을 수도 있죠. 지갑이 얄팍한 사람도 돈을 좀 모아서 비싸지만 먹고 싶었던 음식을 사 먹을 수 있습니다. 음식은 취향에 따라 고를 수 있지만 질병은 취향에 따라 선택할 수 있는 게 아닙니다. 어쩔 수 없이 병에 걸리는 것이죠. 때론 사고로 다칠 수도 있고요. 음식은 취향에 따라, 소득에 따라 다양하게 선택할 수 있습니다. 따라서 우리가 말하는 '시장'에서 거래되는 데 아무런 문제가 없습니다. 다만 '밥을 제대로 먹을 수 없는 가난한 사람들을 어떻게 할 것인가' 하는 문제는 있습니다. 복지를 내세우는 많은 나라에서는 밥을 굶는 이들을 위한 다양한 복지 정책을 시행하고 있죠. 우리나라의 경우 밥을 굶을 정도로 어려운 사람들을 기초수급자라고 해서 정부에서 지원해 줍니다. 또 나이 드신 분들에게는 소득이 낮은 순으로 70%까지 기초연금을 지급합니다. 나이 드신 분 모두에게 연금을 지급해야 한다는 주장도 있어요.

사람들이 '환자를 위한 의료 서비스 공급은 음식처럼 시장이 아니라 국가가 책임져야 한다'는 생각을 하게 된 것은 19세기부터였습니다. 200년도 채 안 됐죠. 건강권은 인간의 기본권 가운데 하나이며, 국가가 이 기본권을 지켜줘야 한다고 생각한 것입니다. 인간의 기본권은 개인의 취향이나 소득에 따라 보장되고 말고 하는 게 아닙니다. 개인과 개인이 모인 공동체가 지켜줘야 하는 기본 권리인 것이죠. 의료와 건강을 시장에 맡기면 시장 논리에 따라 가난한 사람은 아파도 치료를 못 받는 사태가 발생할 수밖에 없습니다.

부자든 가난한 사람이든 병에 걸리거나 다치면 치료를 받을 수 있어야 됩니다. 치료를 하려면 비용이 들죠. 의사와 간호사 월급도 줘야 되고, 병원 시설도 운영해야 됩니다. 우리가 무상의료라는 표현을 쓰지만 엄밀하게 말하면 무상, 즉 공짜 의료는 없습니다. 어떤 형태로든지 비용을 부담해야 합니다. 문제는 어떻게 부담을 할 것인가, 하는 점이겠죠.

위에서 사례를 든 다섯 개 나라 중에 미국이 유일하게 공적인 의료보험 제도가 없는 나라입니다. 물론 미국에서도 65세 이상 노인이나 장애인, 그리고 가난한 사람들에게는 정부가 지원하는 의료보험의 혜택이 주어집니다. 하지만 이때에도 상당 부분 의료비를 본인이 부담해야 하고, 어떤 경우는 각 주마다 제도가 달라서 일률적으로 말하기 어렵습니다.

오바마 전 미국 대통령은 한국의 의료보험 제도를 크게 칭찬한 적이 있어요. 미국도 한국 같은 제도가 필요하다는 생각 때문일 거예요. 오바마가 대통령이던 지난 2014년부터 실시된 '오바마케어'는 전 국민이 의료보험 가입을 하도록 해놓았습니다. 하지만 우리나라나 프랑스, 영국처럼 전 국민이 공적인 의료보험에 모두 가입하는 방법이 아니었죠. 오바마 대통령이 그렇게 하고 싶어도 할 수 없었습니다. 반대하는 세력이 많았기 때문이죠. 대표적인 곳이 이미 언급한 것처럼 공화당과 민간 의료보험 회사들입니다. 오바마는 민주당 소속 대통령이었지요. 오바마케어에 따르면 미국 국민의 대다수는 민간 의료보험에 가입해야 합니다. 전 국민에게 통일적으로 적용되는 의료보험이나 건강보험이 없는 거죠. 병원도 보험회사가 정해 준 곳으로 가야 되는 경우가 많습니다. 환자가 급할 때 가까운 병원으로 갈 수 있어야 되는데, 환자가 병원을 선택할 수가 없습니다. 게다가 오바마케어는 트럼프 미국 대통령이 당선된 이후 제도를 폐지해야 된다는 주장이 계속 나오고 있는 등 논란 중이랍니다.

미국보다는 낫지만

선진국 가운데 전 국민 의료보험 제도가 없는 유일한 나라가 미국이라고 했습니다. 그 결과는 무엇일까요? 이미 말한 것처럼 의료비가 엄청나게 비싸다는 사실입니다. 그리고 환자 중심이 아니라 민간 보험회사와 병원의 이윤 중심이다 보니 이용에 불편도 많습니다. 그 중 뭐니 뭐니 해도 비싼 병원비가 가장 큰 문제입니다. 도대체 어느 정도 비싸냐고요?

맹장 수술을 예로 들어보겠습니다. 특정 증상을 치료할 때 기준이 되는 비용이 있습니다. 이를 조금 어려운 표현으로 '의료 수가'라고 합니다. 한국의 맹장 수술 수가는 200만 원 수준입니다. 미국은 1,500만 원 수준이에요. 거의 7배 이상 차이가 납니다. 아이를 출산할 때 제왕절개 수술을 하는 경우가 있어요. 이 수술 수가는 우리나라가 180만 원 정도 되는데 미국은 1,900만 원 수준이죠. 의료 수가는 치료비 전체를 말하는 것이라서 우리의 경우 환자가 실제 병원에 내는 액수는 이보다 훨씬 적습니다. 나머지는 건강보험공단에서 우리가 낸 보험료로 지급해 주죠. 맹장 수술의 경우 환자는 50만 원 정도만 내면 됩니다. 미국은 환자 부담액이 수가 전액일 수도 있고, 자신이 가입한 민간 의료보험에 따라 차이가 날 수도 있습니다. 분명한 것은 환자 부담액이 우리보다 높다는 사실이죠.

또 다른 조사에 따르면, 의료보험이 적용되지 않는 가격을 기준으로 가슴 부분 엑스레이 촬영 비용이 한국이 2만 원 이하 수준인데 비해 미국은 40만 원이나 된다고 합니다. MRI(자기공명영상) 검사의 경우 우리는 평균 50만 원인 데 반해 미국은 400만 원 수준입니다. 우리나라는 미국보다는 싸지만 여전히 부담스러운 가격이죠. 그래서 정부는 점차적으로 MRI 검사비를 낮추고 있는 중입니다 (2019년부터 두부(머리)·경부(목) MRI 검사에 건강보험이 적용되고 있습니다).

도대체 미국 병원비는 왜 이렇게 비쌀까요? 여러 가지 이유가 있습니다. 먼저 꼽을 수 있는 원인으로, 약값이 굉장히 비싸다는 사실을 들 수 있습니다. 왜냐고요? 미국은 제약회사에서 약값을 마음대로 정할 수 있어요. 제약회사는 이걸 두고 자본주의 시장 경제에서 당연한 일이라고 주장합니다. 모든 걸 시장에 맡겨 놓아야 된다는 주장입니다. 의료도 교육도 심지어 교도소 운영도 그래야 된다는 입장이지요. 정부는 참견하지 말라는 이야기겠죠?

끔찍한 사례를 하나 들어보겠습니다. 2015년 미국인들이 가장 싫어하는 인물로 뽑힌 마틴 슈크렐리라는 사람이 있습니다. 그는 제약회사 대표였습니다. 대표가 되면서 그가 한 일은 약값을 올리는 일이었습니다. 얼마나 올렸을까요? 15,000원짜리 약을 단번에 90만 원으로 올렸어요. 50배가 훨씬 넘죠. 그가 이렇게 가격을 올린 약은 말라리아, 에이즈 환자가 먹는 약이었습니다. 그 약은 슈크렐리가 대표로 있는 제약회사에서 독점적으로 공급하는 특허약이었죠. 슈크렐리는 미국 전역에서 터져 나오는 비판에 대해 이렇게 대답했죠.

"의료비는 비탄력적이다. 주주들의 이익을 위해 더 올릴 수도 있었다. 이게 나의 임무다. 나는 올린 약값을 내릴 생각이 전혀 없다. 이게 자본주의 사회다."

비탄력적이라는 표현이 좀 어려운가요? 쉽게 말하면 아무리 약값을 높이 올려도 이 약이 없으면 안 되는 환자들은 약을 살 수밖에 없다는 말입니다. 만약에 떡볶이 한 접시 가격이 1,000원에서 50배 오른 5만 원으로 오른다면 여러분은 어떻게 할 건가요? 우선 떡볶이 가게 주인에게 욕을 할 겁니다. 물론, 속으로요. 그리고는 떡볶이를 안 사 먹겠죠. 그 돈으로 다른 걸 사 먹을 겁니다. 아니면 떡볶이 가격을 올리지 않은 다른 분식집을 찾아가거나 하겠죠. 떡볶이 안 먹는다고 죽는 건 아니니까요. 이럴 때 우리는 '떡볶이는 가격에 대해 탄력적'이라고 말합니다. 의료비가 비탄력적이라는 말은 약값을 얼마를 올리든 치료비를 얼마를 올리든 환자들은 그냥 따를 수밖에 없다는 이야기이고, 이것이야말로 자본주의 시장 경제의 법칙이라는 겁니다.

물론 이건 아주 극단적인 사례입니다. 슈크렐리 말대로 이런 게 자본주의 사회의 법칙일 수도 있습니다. 그럼 미국을 제외한 다른 선진국들은 자본주의 사회가 아닌가요? 미국의 자본주의는 정글 자본주의입니다. 경제적 강자가 약자에게 군림해도 국민의 손으로 뽑은 의회나 대통령을 비롯한 행정부는 참견하지 말아야 한다는 논리죠. 사실 시장 경제는 공정한 경쟁을 전제로 하는 것인데, 이 경우는 독점적 지위를 이용해서 폭리를 취하는 것일 뿐이죠. 그리고 이 것이 자본주의의 법칙이라면 그대로 따라야 할 이유가 없겠죠. 자 본주의를 뜯어 고쳐서 사용해야 되지 않겠어요? 정부는 가만히 있고 시장에 모든 것을 맡기라는 논리는 어디서부터 시작됐는지, 무 엇이 문제인지는 2부에서 자세하게 살펴보겠습니다.

이밖에도 미국의 병원비가 비싼 데는 여러 가지 이유가 있어요. 의료 기기 이용료가 비쌀 뿐 아니라 의사 연봉이 높은 편입니다. 여 기에 불필요한 촬영이나 수술 등 과잉 진료가 흔하고, 복잡한 보험 관계를 처리하기 위한 행정직원 규모의 비대화 같은 게 이유로 꼽 히고 있죠.

하지만 가장 큰 요인은 국민 의료보험 제도가 없다는 사실 자체 라고 보면 될 것 같습니다. 미국은 병원, 제약회사, 민간 의료보험 회사가 병원비나 약값을 결정합니다. 환자는 단지 의료 행위 소비자 에 불과하죠. 그런데 환자로서의 개인 소비자는 자신이 가격을 결 정·선택하거나 병원을 고를 능력이 거의 없습니다. 아파서 병원을 찾아간 사람은 치료가 우선입니다. 어떤 치료를 어떻게 받아야 할지 전혀 알 수 없는 상황에서 어떻게 의사나 병원 쪽과 병원비 교섭을 할 수 있겠습니까? 만약 환자가 어린 자식이거나 나이 드신 부모님 이라면 돈이 어떻게 되든 먼저 치료부터 해야 하지 않겠습니까?

게다가 미국에서는 병원비가 얼마나 되는지 병원에서는 알 수가 없어요. 우리나라와는 다르죠. 병원에서는 비용을 환자에게 청구하 는 게 아니라 그 병원과 환자와 계약을 맺고 있는 민간 보험회사에 진료비 내용을 보냅니다. 그러면 보험회사에서 내역을 일일이 확인하면서 보험 적용이 되는 부분과 안 되는 부분을 가려냅니다. 그런 다음에 환자 집으로 병원비 청구서를 보내는 거죠.

우리나라를 비롯해서 전 국민 의료보험 제도가 있는 나라에서는 진료비와 약값을 병원이나 제약회사가 결정하도록 하지 않습니다. 왜일까요? 국민의 건강보다 이윤을 최고 가치로 삼는 사설 병원이나 민간 보험회사에 가격 결정권을 맡겨 놓으면 어떤 결과가 나올지 잘 알기 때문입니다. 그래서 정부가 여기에 개입을 하죠. 정부는 아픈 국민을 상대로 이윤을 추구하는 조직이 아닙니다. 건강권이라는 인간의 기본권을 위한 정책을 펴는 것을 임무로 하는 조직입니다. 물론 이 일을 썩 잘하지 못하는 정부도 세상에는 많이 있습니다. 대표적인 곳이 미국이죠.

그러면 우리나라는 진료비와 약값을 누가 결정할까요? 정부가 일방적으로 정할 수 있을까요? 건강보험정책심의위원회라는 곳이 있습니다. 이 위원회 위원장은 건강보험을 담당하는 정부 부처인 보건복지부의 차관이 맡고 있습니다. 그리고 노동자 단체, 사용자 단체 등 건강보험료를 부담하는 단체 대표와 의료 서비스를 공급하는 의사와 약사 단체 대표 그리고 공무원과 공익위원으로 구성되죠. 여기서 참석 단체들의 대표가 토론하고 논쟁하면서 의료 수가와 약값을 정하게 됩니다. 그러니까 병원이나 제약회사 멋대로 가격을 매길 수 없는 것이죠. 다른 모든 선진국이 미국보다 병원비와 약값이 낮은 이유입니다. 어떤 사람들은 이런 제도에 시비를 겁니다. 시장 경제에 맡겨야지 왜 정부가 끼어드느냐고 비판하면서 말이죠. 하지만 이런 주장은 실제로는 약자인 환자를 상대로 강자일 수밖에 없는 병원과 약국에서 과도한 이윤을 챙겨가는 것을 자유 시장 경제라는 이름으로 방치하라는 주장이나 똑같은 것이죠. 모든 것을 시장에 맡기자는 '시장만능주의자'들은 오늘도 이런 목소리를 드높이고 있는 실정입니다. 이에 대한 얘기도 책 후반부에서 자세하게 설명하겠습니다.

비싼 비지떡

여러분, 싼 게 비지떡이라는 소리 들어 봤나요? 값이 싼 물건은 쓸 만하지 않다는 뜻이죠. 미국의 병원비와 약값이 다른 나라보다 비싼 대신 진료 수준이나 약의 품질이 다른 나라보다 더 높을까요? 미국 국민들이 지출하는 1인당 의료비와 약값은 세계에서 가장 높습니다. 잘사는 선진국들과 비교해 봐도 거의 두 배 가까이 됩니다. 미국 사람들이 특별히 병원에 많이 가거나 약을 더 많이 먹는 것도 아닙니다. 병원에 가는 횟수는 다른 나라와 비슷한 수준이죠. 병원 한 번 가는 데 쓰는 비용, 약 한 번 복용하는 데 들어가는 돈이 거의 두 배입니다. 이렇게 비싸면 다른 나라보다 의료 서비스가 더 좋아야 하는 건 당연한 것 아닐까요? 그런데 몇 가지 지표를 보면 그런 것도 아니라는 걸 알 수 있어요. 오히려 의료 서비스 질이 더 안 좋다는 사실을 말해 주는 지표가 있습니다.

2018년에 발표된 자료에 따르면 2016년 기준 미국인의 기대수명은 78.8세로 다른 잘사는 나라들(80.7~83.9세)보다 짧은 것으로 나타났어요. 출생한 지 1년 안에 사망하는 영아 사망률은 신생아 1천 명당 5.8명으로 다른 선진국(3.6명)보다 훨씬 높았죠. 선진국 가운데 영아 사망률 1위를 기록한 나라가 바로 미국입니다. 돈은 돈대로 쓰지만 제공되는 서비스의 질은 높지 않다는 사실을 말해 주는 통계라고 할 수 있어요. 이것은 공공성을 중심으로 한 의료보험 제도와 민간 병원·보험회사가 중심이 되는 의료 제도의 차이 때문에 발생하는 것입니다. 미국의 제도를 좋아하는 사람은 누구일까요? 의사와 약사 그리고 제약회사, 민간 병원, 민간 보험회사 등 현행 제도가 더 이익이 되는 사람들일 겁니다. 대다수 미국 국민은 이 제도를 좋아하지 않습니다.

한국의 의료보험 제도를 칭찬한 오바마 전 미국 대통령의 마음을 이해할 수 있겠죠? 대통령의 힘으로도 미국 의료 제도는 바꾸기가 힘듭니다. 의료에 관한 한 한국은 미국보다 월등하게 좋은 제도를 갖추고 있습니다. 하지만 유럽 주요 나라들의 의료 제도에 비해서는 아직 충분히 만족스럽지 못한 상태죠. 그럼 이제 우리나라 의료보험 제도에 대해 간단하게 살펴볼까요?

의료 민영화 논리, 무엇이 문제인가?

한 나라의 의료 제도는 크게 두 부분으로 나눠 볼 수 있어요. 첫 번째, 의료 서비스 공급을 어떻게 하느냐 하는 부분입니다. 의료 서비스 공급은 병원에서 의사들이 합니다. 물론 약국도 있고요. 그런데 나라마다 병원 형태가 다릅니다. 우리나라에 있는 모든 병원 가운데 공공 의료기관은 10% 수준입니다. 나머지는 모두 개인이나 의료법인이 운영하는 민간 병원이죠. 이런 수치는 공공 의료보험 제도가 없는 미국의 25%보다 더 낮습니다. 이에 비해 유럽의 주요 국가들은 이 비율이 60~90%로 대부분의 병원이 공공 병원이라고 보면 됩니다.

두 번째로는 병원비를 포함한 의료비를 어떤 방식으로 조달할 것인가 하는 부분이죠. 우리나라는 공공 의료비 비중이 53% 수준입니다. 이 말을 쉽게 설명하면 만약 우리나라 국민이 1년에 100원의 의료비를 지출했다고 가정할 경우 53원은 의료보험 같은 공적 보험이나 정부 재정에서 부담했다는 뜻입니다. 47원은 개인이나 개인이 가입한 민간 보험회사에서 냈다는 거죠. 미국의 경우는 우리보다 낮은 45% 수준입니다. 이에 반해 의료보험 제도가 발달한 유럽의 주요 국가들은 80%를 넘습니다.

공적 보험은 우리나라의 경우 국민건강보험을 말합니다. 정부 재정은 국민과 기업이 낸 세금입니다. 건강보험이나 정부 예산에서 의료비를 지급하기 때문에 국민들이 직접 지불하는 것은 아닙니다. 하지만 이 역시 국민들이 내는 의료보험료나 세금입니다. 따라서 국민 전체가 각자의 소득에 따라 일정액을 부담하는 것이죠. 유럽이 공공 병원이 많고 더 많은 공공 재원으로 의료비를 지불할 수 있다는 것은 국민들이 세금이나 의료보험료를 그만큼 더 낸다는 의미입니다. 결코 공짜가 아니죠. 우리나라는 미국보다는 훌륭한 의료보험 제도를 가지고 있어요. 평균 수명과 영아 사망률도 미국보다 낫습니다. 하지만 유럽의 주요 선진국 수준으로 가려면 현재의 제도를 더 좋게 만들어야 합니다. 그런데 오히려 그 방향을 거꾸로 돌리려는 사람들이 있습니다. 유럽 수준의 의료 제도를 만들어야 한다는 주장은 의료의 공공성을 더 확대하자는 주장입니다. 그런데 공공성을 강화하기보다는 민영화를 해야 한다는 주장을 하고 있는 것이죠. 프랑스, 영국, 한국의 의료 제도를 미국식 의료 제도로 바꾸자는 말입니다. 여러분은 어떻게 생각하나요?

의료 민영화를 주장하는 논리는 여러 가지입니다. 이 가운데 가장 핵심적인 것은 의료를 산업으로 봐야 된다는 주장입니다. 자동차 산업이나 IT 산업처럼 의료 부문도 산업 논리를 적용해야 한다는 것이죠. 산업 논리에서 중요한 가치는 경쟁과 이윤 최대화입니다. 이런 입장에서 보면 환자는 적은 부담으로 양질의 의료 서비스를 제공받아야 하는 주체가 아니라, 최대한 돈을 많이 뽑아내야 하는 객체일 뿐입니다.

현재 우리나라는 개인 병원을 제외한 법인 병원은 영리 행위를 못 하도록 법으로 규정하고 있습니다. 우리나라 대표적인 재벌인 삼성과 현대도 병원을 가지고 있는데 영리 행위를 하지 못하게 한다니 이해가 잘 안 되죠? 현행 의료법에 따르면 의료 기관을 세울 수 있는 주체는 의사 또는 의사들이 모여서 만든 의료 법인뿐입니다. 개인 병원을 제외한 의료 법인은 영리 행위가 금지되어 있습니다. 의료 법인이란 회사 형태로 된 병원을 말합니다. 모든 종합병원과 큰 병원은 여기에 해당된다고 보면 됩니다. 의료 법인은 환자의 병을 치료해주고 받은 수익금을 병원에만 재투자할 수 있습니다. 일반 주식회사는 상품을 판매하고 남은 이익금을 주주에게 나눠줄 수 있습니다. 이걸 배당이라고 하죠. 배당을 할 것인지, 하면 얼마를 할 것인지는 회사의 이사회 같은 주요 의사 결정기구에서 정하면 됩니다. 하지만 병원은 그럴 수 없습니다. 우리나라 법에서 의료 법인(병원)의 영리 행위를 금지한 것에는 기본적으로 환자를 대상으로 돈벌이를 하면 안 된다는 철학이 깔려 있습니다.

그럼에도 의료 민영화가 필요하다는 주장이 끊이지 않고 나옵니다. 왜 그럴까요? 민영화를 하면 경제적으로 이익을 보는 사람들이나 조직이 있기 때문입니다. 누구일까요? 우선 민간 의료보험 회사를 꼽을 수 있습니다. 모든 국민이 법적으로 의무 가입하게 돼 있는 국민건강보험은 국민들에게는 아플 때 도움을 받을 수 있는 든든한 배경이지만, 민간 보험회사 입장에서 보면 보다 많은 돈을 벌 기회를 방해하는 경쟁자일 뿐입니다. 또 의료 민영화가 되면 고수익을 내는 병원 사업에 돈 많은 사람들이 너도 나도 뛰어들 것입니다. 환자와 그 가족의 주머니를 최대한 털어내는 것이 이들의 목적이 될 테니까요. 물론 의사 개개인이나 민간 보험회사에서 일하는 사람들이 나쁜 사람이라는 뜻은 아닙니다. 민영화 제도 자체가 의료계 사람들을 이윤 극대화를 위한 무한 경쟁으로 내몰기 때문에 이런 사람들도 어쩌면 피해자일 수 있죠.

병원의 영리사업이 인정되면 결국 환자 부담만 크게 늘어날 수밖에 없습니다. 실제로 정부 기관인 한국보건산업진흥회라는 곳에서 오래 전에 조사한 내용에 따르면 우리나라 병원 법인 중 7%만 영리 병원이 되어도 국민이 부담하는 병원비가 2조 원이라는 어마어마한 규모로 급증하는 것으로 나타났습니다.

의사가 환자를, 빨리 병을 낫게 해 줘야 하는 사람이 아니라 돈을 벌어 주는 돈줄로만 본다면 어떤 일이 벌어지겠습니까? 질병을 앓는 가난한 사람보다는 비싼 병원비를 부담할 수 있는 부자가 더 반가울 것입니다. 또 중병을 앓고 있어도 돈이 없는 사람은 치료를 해 주지 않을 가능성이 높습니다. 돈을 더 많이 벌기 위해 꼭 필요하지 않은 진료를 할 수도 있을 겁니다. 과잉 진료라고 하죠. 미국에서 많이 발생하는 현상이고, 우리 현실에서도 벌어지는 일입니다. 환자가 지불하는 진료비가 병원 수입이 되고, 그 수입은 의사와 간호사의 월급이 되며 병원에 새로운 의료 기기를 구입하는 투자금도 됩니다. 병원을 운영하려면 돈이 필요합니다. 환자가 없으면 불가능하죠. 이런 맥락에서 보면 환자는 의사에게는 은인일 수도 있겠죠. 우리는 보통 의사가 환자의 은인이라고 생각하죠. 하지만 일방적인 은인-수혜자가 아니라 서로가 기대고 살아가는 관계입니다.

이미 말한 것처럼 아플 때 치료를 받는 것은 인간의 기본적 권리입니다. 치료비가 없으면 죽을병에 걸려도 치료를 못 받는 것이 당연한 이치일까요? 기본권은 모든 인간이 태어날 때부터 가지고 있는 권리입니다. 돈이 없다고 그 권리가 사라지는 것이 아니라는 뜻이죠. 우리가 말하는 전 국민 의료보험 제도나 무상의료 제도는, 인간은 아프면 적절한 치료를 받을 기본적 권리를 가지고 태어났다는 인간관에 바탕을 두고 만들어진 제도입니다. 돈을 내야만 진료가 가능하다는 생각에는 치료가 기본권이 아니라 돈을 주고받고 거래되는 상품이라는 시각이 깔려 있는 것이죠.

촛불 시민이 막아 낸 의료 민영화

2007년 12월 선거에서 이명박 대통령이 당선되자 사람들은 의료 민영화가 될지도 모른다고 걱정하기 시작했습니다. 이 대통령이 당선된 이후 의료 민영화, 건강보험 민영화 소문이 크게 떠돌아다녔습니다. 이 대통령과 그가 소속된 정당이 민영화 정책에 적극적으로 찬성하는 모습을 보였기 때문입니다. 특히 건강보험 '당연지정제도'가 폐지될 것이라는 뉴스가 나와 많은 국민이 걱정했습니다. 당연지정제도라는 것은 대한민국의 어떤 병원이나 의원, 요양기관도 건강보험(의료보험)에 가입한 환자를 거부할 수 없게 한 제도입니다. 우리나라처럼 전 국민이 건강보험에 의무적으로 가입하고 있는 나라는 모두 이런 제도를 채택하고 있습니다. 당연지정제도라는 말이 조금 어렵죠?

예를 들어 설명해 보겠습니다. 당연지정제도가 없을 때를 가정해 보죠. 우리나라 생명보험 회사는 20여 개가 됩니다. 어떤 병원은 건강보험에 가입한 환자를 받지 않고, 삼성생명에 가입한 환자만 받을 수 있습니다. 또 다른 병원은 교보생명에 가입한 환자만 받습니다. 이렇게 병원마다 계약을 맺은 보험회사가 다를 수 있습니다. 돈이 많은 부자들은 전 국민이 가입한 건강보험보다 민간 보험회사에 가입해서 비싼 비용을 내고 고급 치료를 받으려고 할 것입니다. 병원도 돈 많은 고객 중심으로 영업을 하려고 하겠죠. 그 결과 건강보험은 부실해지고, 병원비는 올라가고, 일반 국민들의 병원 이용 방법은 점점 복잡해집니다. 바로 미국처럼 되는 셈이죠.

이명박 대통령 임기는 2008년 2월부터 시작됐습니다. 그런데 대통령 취임식이 끝나고 얼마 안 돼 국민들의 엄청난 저항에 직면했어요. 2016년에는 광화문을 비롯한 전국에서 들불처럼 일어난 촛불 시위가 박근혜 대통령을 물러나게 했습니다. 모두들 기억하실 겁니다. 여러분 중에는 직접 그 현장에 참석했던 사람들도 있을 겁니다. 2008년에도 그에 버금가는 규모의 촛불 시위가 있었습니다. 미국산 광우병 소고기 수입을 막기 위해 시민들이 촛불을 들고 저항한 것이죠. 2008년 촛불 시위에 참석한 사람들은 미국산 소고기 수입 반대와 함께 바로 의료 민영화 반대도 소리 높여 외쳤죠. 이명박 정부가 의료 민영화 정책을 강행하지 못하게 하기 위해서였죠. 광화문 거리를 가득 메운 시민들의 시위가 몇 달 동안 계속됐습니다. 깜짝 놀란 대통령은 몇 차례에 걸쳐서 국민에게 사과했고, 미국산 소고기 수입에 일정 정도 제한 조건을 두도록 했습니다. 그리고 국민들의 반대에도 밀어붙이려 했던 의료 민영화도 하지 않겠다고 선언했습니다.

하지만 안심해서는 안 됩니다. 민간 의료보험 회사나 병원 사업을 통해 돈을 벌려고 하는 자본가, 의료를 산업 논리로 보고 경쟁과 효율만 강조하면서 건강권보다는 돈벌이 기회로만 생각하는 주장들은 없어지지 않기 때문입니다. 실제로 그 이후 지금까지 이런 요구와 주장은 끊이지 않고 있습니다.

2018년 제주도에서는 외국인 대상 의료 영리법인 병원 허가를 내줄 것인가를 두고 격렬한 논쟁이 벌어졌습니다. 문제의 병원은 녹지국제병원입니다. 이 병원은 이미 건물까지 다 지어졌고, 의사와 간호사 등 일할 사람도 뽑은 상태입니다. 중국의 녹지그룹이라는 회사가 출자해서 만든 대한민국 1호 외국인 영리 의료법인(병원)이죠. 녹지그룹은 중국 최대 부동산 개발회사입니다. 일부에서는 부동산 투기회사라고 비판을 하기도 하죠. 부동산 투자로 돈을 버는 회사가 왜 병원 사업에 뛰어들었을까요? 돈을 많이 벌 수 있다는 계산 때문이겠죠.

이 병원은 중국인 관광객을 주 대상으로 하고 있습니다. 이른바 의료 관광 산업인데요. 아픈 사람을 치료하는 기능보다는 외모를 더 예쁘게 꾸미는 수술을 주업으로 하는 병원입니다. 성형외과, 피부과가 중심 진료 과목입니다. 내과, 가정의학과가 있긴 있지만 주요 치료 과목이 될 가능성은 크지 않습니다. 중국에서 내과나 가정의학과 치료를 받으러 제주도까지 올 이유는 없기 때문이죠. 한국인이 이 병원에서 치료를 받을 수 있지만 국민건강보험은 적용되지 않습니다. 그렇게 되면 국내 최초로 건강보험 가입자를 받지 않아도 되는 병원이 됩니다. 많은 제주도 도민과 의료 민영화를 반대하는 시민들이 제주도 영리 병원을 막기 위해 싸웠습니다. 제주도민 1,000명을 대상으로 여론조사를 한 결과가 있습니다. 녹지병원 개설에 찬성하는 도민은 24.6%인 반면 반대는 61.6%였습니다. 반대하는 이유는 치료보다 이윤 추구를 앞세울 것 같고, 특정 계층만 이용하는 등 의료 공공성이 약해질 것 같기 때문이라는 겁니다. 거대한 둑도 손가락 하나 들어갈 정도의 작은 구멍에서 물이 새면서 걷잡을 수 없이 무너지게 됩니다. 제주도 제1호 영리 병원이라는 작은 구멍을 막으려면 의료 민영화의 끔찍한 결과를 알고 있는 우리도 이들과 함께 연대해야겠죠.

제주도는 주민들도 반대하고 전국적으로도 반대 여론이 높아지자 2018년 10월 도민들이 참여하는 '공론조사'를 하기로 했어요. 다행스럽게도 조사 결과, 반대가 찬성보다 훨씬 많이 나왔습니다. 공론조사는 단순한 찬반투표가 아니라 찬성하는 쪽과 반대하는 쪽 전문가들의 주장을 듣고, 몇 차례 토론을 거친 후 투표로 결정하는 민주주의의 한 방식입니다. 이를 숙의 민주주의라고 합니다. 사람들은 영리 병원은 사실상 무산된 것이라며 안심했죠.

아, 그런데 안심하긴 너무 일렀어요. 주민들의 여론이 영리 병원 도입 반대라는 것이 분명한데도 결과가 뒤집힌 겁니다. 공론조사 결과가 나온 뒤 두 달 만에 제주특별자치도 도지사는 영리 병원 허가를 내주겠다고 발표했습니다. 도지사는 반발 여론이 거세게 일어날 것을 우려해 녹지병원은 외국인만 이용할 수 있도록 하겠다고 약속했습니다. 우리나라 사람은 이용할 수 없기 때문에 국내 건강 보험 체계는 흔들리지 않을 것이라고 주장했죠. 하지만 이 약속은 지켜질 수 없을 것이라는 우려의 목소리가 높습니다. 우리나라 의료법에 따르면 병원은 환자의 진료를 거부할 수 없습니다. 내국인이 가서 치료를 해달라고 하면 병원은 치료를 해 줄 수밖에 없는 것이죠.

게다가 녹지병원 쪽에서도 제주도가 한국인 환자를 진료할 수 없게 한 것은 원래 약속을 위반한 것이라며 강하게 반발하고 나섰습니다. 제주도는 양쪽에서 공격과 비난을 받고 있습니다. 현재 제주도 영리 병원은 공식적으로 허가가 나온 상태에서 찬반 여론이 계속 충돌하고 있는 상황입니다. 앞으로 제주도에서 시작된 영리 병원 1호 허가가 어떤 방향으로 의료 민영화에 영향을 줄지 긴장하며 지켜봐야 할 것 같습니다.

사실 영리 병원 설립 논의는 15년 전부터 시작됐습니다. 그때마다 시민사회의 반대가 커지면 잠자코 있다가, 기회다 싶으면 다시 고개를 들고 목소리를 높여왔습니다. 제주도에서 반대 여론에도 불구하고 영리 병원을 허가한 것처럼 어디서 또 다른 물꼬가 터질지 모르는 상황입니다. 남의 일이라고 생각하고 무심히 외면하면 언젠가 자기 일로 닥쳐올 때가 있을 수 있습니다. 불조심을 하려면 꺼진 불도 다시 봐야 합니다.

02 악명 높은 영국 철도

철도 영국, 국유화 → 민영화 → 재국유화

영국 기차요금 우리보다 3~5배 비싸

서울에 살고 있는 유림이네 가족이 여름휴가를 가려고 합니다. 올해 피서지는 부산 해운대로 결정했습니다. 서울에서 부산까지 어떻게 가야 될까요? 승용차를 이용하는 방법이 있겠죠? 근데 고속도로가 막히면 시간이 많이 걸릴 것 같네요. 버스 전용 차선으로 달리는 고속버스를 타고 가는 방법도 있겠네요. 아니면 비행기? 가족이 모여서 어떻게 하면 좋을지 이야기를 나눴습니다. 승용차를 타고 가는 게 가장 편하긴 할 것 같은데 고속도로에서 고생할 것 같아 머뭇거려집니다. 비행기를 타려니 김포공항까지 가는 일과, 김해공항에서 내려 다시 해운대까지 갈 일이 만만치 않을 것 같고요. 항공료 부담도 신경 쓰지 않을 수 없겠죠. 결국 유림이네는 고속열차 KTX를 타고 가기로 했어요. 비행기 말고는 가장 빠른 교통수단이죠. 어쩌면 김포공항까지 가는 시간, 공항에서 기다리는 시간, 김해공항에서 해운대까지 가는 시간까지 생각하면 비행기를 타고 가는 것보다 그다지 오래 걸리는 게 아닐 수도 있죠. 요금도 비행기보다 싸고요.

이제 예약을 해야겠네요. 서울에서 부산까지 KTX 요금은 일반석이 6만 원보다 조금 적어요. 특실은 8만 원을 약간 넘고요. 시간은 2시간 30분 정도 걸립니다. 인터넷으로 예약을 마친 유림이 아빠가 한마디 하셨습니다. "우리나라 철도가 민영화됐다면 지금보다 훨씬 비쌌을 텐데. 이미 민영화된 영국의 기차 요금은 엄청 비싸지. 아마 우리보다 서너 배 비쌀 걸?"

유림이네는 유림이 아빠의 회사 일 때문에 3년 동안 영국 버밍엄이라는 곳에서 살았던 적이 있거든요. 유림이가 감기 걸려서 동네 병원에 갔을 때 살던 도시가 버밍엄이었어요. 버밍엄에서 세계적 축제가 열리는 곳으로 널리 알려진 에든버러까지의 거리는 서울에서 부산까지의 거리와 비슷합니다. 그럼, 버밍엄에서 에든버러까지 가는 기차 요금을 알아볼까요? 사람이 별로 없을 때는 그나마 싼 가격이라서 10만 원 수준이지만 사람이 많을 때는 20만 원을 훌쩍 넘어갑니다. 우리의 특실에 해당되는 1등석 가격은 47만 원이 넘습니다. 이렇게 영국의 기차 요금은 우리보다 3~5배 이상 높습니다. 영국의 물가 수준이 우리보다 좀 높기는 해도 기차 요금이 이렇게 크게 차이가 나는 것은 민영화 효과 말고는 설명이 잘 되지 않습니다. 게다가 이동 시간도 우리가 2시간 30분 정도인 데 반해 영국의 경우 5시간이나 걸립니다. 그렇다고 더 안전한 것도 아니고요.

여기서 잠깐, 시간을 거꾸로 조금만 돌려볼까요? 여러분의 할아버지 할머니가 엄마 아빠 나이였을 때, 그러니까 부모님이 여러분 나이였을 때 서울에서 부산, 또는 부산에서 서울을 가려면 어떻게 해야 했을까요?

부산에 사는 창우가 할아버지께 여쭤 봤습니다.

"할아버지, 옛날에 서울 갈 때 뭐 타고 가셨어요?"

"내가 한창 젊었을 때인 1960년 무렵, 서울에 가려면 기차를 타는 수밖에 없었지. 고속도로도 없었고 국도 사정도 안 좋았지. 그런데 기차 타고 가는 시간이 정말 많이 걸렸단다. 지금 KTX를 타면 2시간 30분이면 도착하는데, 그땐 12시간 이상 걸렸어. 15시간까지 걸릴 때도 있었고. 지금 기차는 출발 시간과 도착 시간이 분 단위까지 정확하지만 그땐 '연착'이라고 해서 기차가 가다 서다를 반복했단다. 예정 시간대로 도착하는 경우는 거의 없었지. 항상 더 늦게 도착했어. 지정좌석제라는 것도 없었지. 사람이 많을 때는 부산에서 서울까지 서서 가는 사람도 있었다고. 아니면 그냥 기차 바닥이나 통로에 앉아서 가거나 했지. 사람들은 저녁에 부산을 출발해서 다음날 새벽이나 아침에 도착하는 밤차를 많이 이용했어. 하긴 그때는 오래 걸린다는 생각도 안 했어. 그냥 그러려니 했지. 정말 이제는 오래된 옛날 얘기가 됐구나."

옆에 계시던 할머니가 말씀하셨습니다.

"내가 초등학생 때 기차 타고 경주로 수학여행을 갔지. 얼마나 걸렸는지 알아? 지금은 KTX 타면 30분이면 가는데 그땐 부산에서 경주까지 5시간이나 걸렸던 기억이 나는구나. 거짓말 같지만 이건 실화야."

지금과는 참 많이 다르죠? 편리하고 빠른 기차, 정확한 운행 시간, 지정좌석제 등 할아버지 할머니가 젊었을 때와는 비교할 수도 없을 만큼 달라졌지요. 달라진 게 또 있어요. 1960년대에는 철도 일을 하는 사람들은 공무원이었죠. 철도 운영을 맡은 곳은 정부 기관인 철도청이었어요. 철도청장은 지금 기준으로 보면 정부 부처의 장관 바로 아래인 차관급 자리였지요. 그런데 지난 2005년 철도청이 한국철도공사(코레일)로 바뀌었어요. 정부 부처에서 공기업이 된 거죠.

우리 사회에는 철도를 민영화해야 한다는 주장이 있습니다. 공기업인 한국철도공사를 민간 사기업으로 바꿔야 된다는 것이죠. 그 이유가 뭘까요? 민영화를 주장하는 사람들은 철도공사가 독점적 지위에 있기 때문에 효율성이 떨어진다고 말합니다. 철도 운영에서 나오는 적자를 메우기 위해 정부가 돈을 지원해야 하기 때문에 재정에 부담이 된다는 것도 민영화 주장의 근거 가운데 하나입니다. 이런 주장을 하는 사람들은 철도가 민영화되면 요금은 낮아지고 서비스도 좋아질 거라고 얘기하죠. 시장에서 경쟁을 시키면 이런 효과가 나올 수 있다는 이야기입니다. 민영화를 주장하는 사람들이

항상 하는 말이죠. 과연 그럴까요? 여기서 우리나라보다 먼저 철도
민영화를 한 영국의 사례를 한번 살펴보겠습니다.

슬픈 철도

우리나라 최초의 철도는 경인선입니다. 1899년 대한제국
고종 '황제' 때입니다. 하지만 당시 대한제국은 직접 철도를 건
설하기에는 돈도, 기술도 없는 상황이었습니다. 그리고 무엇보
다 주권 국가로서 '철도 주권'의 중요성을 이해하지 못했습니
다. 이 시기는 '서구 열강'이라고 부르는 유럽의 강대국들과 미
국, 아시아에서는 서양 문물을 일찍 받아들인 일본이 나라 힘
을 급격하게 키워나가던 때죠. 힘이 센 나라들은 무력을 앞세
워 그렇지 않은 다른 지역, 즉 아시아나 아프리카, 아메리카 대
륙을 식민지로 만들기 위해 치열하게 경쟁했죠. 이른바 제국
주의 시대였어요.

당시 프랑스, 미국, 일본 등 열강은 조선의 개항을 강요했습
니다. 1876년 조선은 일본과 처음으로 조약을 맺습니다. 일본
이 군사력을 동원해 강압적으로 맺은 불평등 조약이죠. 이들
열강들은 조선에 철도를 건설할 수 있는 '부설권'을 얻기 위해
왕실을 대상으로 협박과 회유를 했습니다. 제국주의 국가들

이 자신들의 식민지 또는 반식민지 국가에 철도 건설을 하려
고 온갖 수단을 동원한 이유는 철도야말로 식민지를 점령하
고 수탈할 수 있는 가장 좋은 수단이었기 때문입니다. 제국주
의 국가들은 철도를 중심으로 주변 토지를 무상으로 임대해
줄 것을 강요했으며, 철도를 통해 식민지 자원과 식량을 자국
으로 실어 날랐습니다. 결국 일본은 1898년 경인선과 경부선
의 부설권을 따내게 됐죠. 1910년 대한제국이 일본에 완전히
먹혀서 식민지가 되기 전의 일이었죠. 경인선은 1899년, 경부
선은 1905년에 개통됐습니다.

개망초꽃이라는 이름을 들어봤나요? 경인선과 경부선 건
설 공사를 할 때의 일입니다. 쇠로 된 철길을 받쳐주는 나무를
침목이라고 하는데, 그 나무 가운데 미국에서 들여온 것이 있
었습니다. 미국에서 온 나무에 묻어온 식물의 씨가 있었습니
다. 그 씨가 새싹이 돼 기찻길을 따라 양옆에 자라서 꽃이 피
기 시작했어요. 조선의 백성들은 그 꽃을 보고 나라를 망하게
한 풀이라면서 망국초, 망초, 개망초 등으로 불렀습니다. 일본
에서 온 풀이라고 생각해서 왜풀이라고도 했습니다. 왜 백성
들은 철도를 보고 이런 생각을 했을까요?

일본이 조선을 식민지로 만들어서 수탈하는 수단이 바로
철도라는 것을 알았기 때문이죠. 게다가 철길을 놓는 일은 대

단히 큰 토목 공사입니다. 철도 부지를 다듬고, 무거운 침목과 쇠로 만든 레일을 옮기는 등 온갖 힘든 일은 누가 했을까요? 조선의 백성입니다. 중노동을 했지만 돈도 제대로 받지 못했습니다. 일본인에 비해 1/2, 1/3 수준밖에 못 받았습니다. 게다가 현금으로 준 것도 아니고 군용수표라는 이름의 '딱지'로 줬습니다. 나중에 현금으로 교환할 수 있는 표 딱지인데, 이 군용수표를 돈으로 바꿔 주지 않는 경우도 있어서 사실상 돈도 못 받고 노동을 한 백성도 많이 있었습니다.

당시 백성들이 부르던 노래가 있습니다. 노랫말을 지금 쓰는 표현으로 조금 고치면 이렇습니다. "경부 철도 빠른 기차에 나오는 것은 일본 병사요, 이 골 저 골 곳곳마다 일어난 것은 의병일세. 울리는 것은 총소리요, 들리는 것은 울음이라." 당시 백성들이 철도를 어떤 시각으로 봤으며, 철도 건설로 얼마나 고통을 받았는지 잘 보여주는 노랫말이죠.

철도는 근대와 자본주의 시대를 여는 혁명적 수단이었지만, 이건 어디까지나 서구 열강의 입장에서 볼 때 그렇다는 것입니다. 이들의 식민지가 된 나라에서 철도는 침략과 수탈의 수단에 불과했습니다. 식민지의 각종 자원과 농산물을 헐값에 본국으로 운반하는 효과적 수단이었던 것이죠. 어떤 사람들은 그래도 일본 제국주의가 식민지 조선에 길도 닦고 철도도 놓아 줘서 조선의 근대화에 기여했다고 주장합니다. 하지만 1945년 해방된 이후 우리나라는 물론, 열강의 식민지 처지에 있었던 모든 나라는 예외 없이 극심한 빈곤국이 됐습니다. 아직도 빈곤으로 고통 받는 저개발국이 많죠. 그 가운데 대한민국은 이례적으로 선진국 대열에 오른 국가가 됐습니다. 해방 이후 극심하게 가난한 상태에서 벗어나 국내총생산(GDP) 규모 기준 세계 12위(2018년 기준)가 됐고, 경제선진국 모임인 경제협력개발기구(OECD)에도 가입돼 있습니다. 제국주의 일본에 나라를 빼앗기고 수탈당한 나라가 오늘 이 정도로 발전한 것은 국민들의 노력 덕분이었습니다. 일본이 식민지 조선을 근대화시켜 줬기 때문이 아닙니다.

영국의 실패

영국은 근대 축구의 종주국입니다. 축구가 생겨난 나라죠. 영국은 또 자본주의의 종주국이기도 합니다. 18세기 산업혁명이 이뤄지면서 영국은 급속도로 공업화됐습니다. 중세 봉건사회에서 근대 자본주의 사회로 넘어오는 역사적 과정이죠. 산업혁명을 가져온 대표적인 과학기술 발명품 가운데 하나가 바로 증기기관과 이를 동력원으로 하는 운송 수단인 기차였습니다. 1820년대 세상에 태어난 기차는 세상을 놀라울 정도로 많이 바꿔놨습니다. 산업혁명과 함께 '철도혁명'이라는 말까지 나왔죠. 축구도 기차도 자본주의도 영국에서 시작됐습니다.

이 당시 영국에서는 민간인들이 자본을 모아 주식회사 형태의 철도 회사를 만들었어요. 새로 생긴 운송 수단을 통해 상품과 사람을 실어 날랐죠. 초기 철도 운송 사업으로 돈을 많이 벌게 되자 돈 많은 사람들은 너도 나도 철도 사업에 뛰어들었습니다. 철도가 세상에 등장한 지 100년 가까이 되는 1920년대 영국에는 민간 철도 회사만 120여 개가 있었습니다. 과도한 경쟁, 철도 회사의 난립으로 채산성이 악화되고 경영이 어려워진 회사가 늘어났습니다. 시장 경쟁은 서비스 질의 개선과 가격 인하를 가져온다는 주장은 현실에서는 이뤄지지 않았습니다. 영국 정부는 철도 산업의 구조를 개편해서 4개의 회사로 통합시켰습니다.

이후 영국의 노동당 정부는 1940년대 선거에서 탄광, 가스, 전력, 철도 등 주요 산업의 국유화와 복지국가 건설을 공약으로 내세워 집권하는 데 성공했습니다. 자본주의의 부작용을 극복하기 위한 정책 대안이었죠. 노동당 정부는, 시장에만 맡기면 시장의 강자인 대기업과 부자들 중심으로 경제와 사회가 돌아가기 때문에 정부가 적극적으로 나서서 부작용을 없애야 된다는 입장이었고, 국민들은 그런 입장을 지지한 것입니다.

1993년 영국 보수당 정권은 재정 부담을 줄이고 효율성을 높인다는 명분으로 철도를 다시 민영화했습니다. 국가에서 다시 시장으로 넘긴 겁니다. 영국 정부는 우리나라의 철도공사와 유사한 영국 국영 철도 회사를 예전처럼 100개가 넘는 기업(회사)으로 잘게 쪼개서 민간 사기업에 팔았습니다. 이때 철로, 즉 기찻길을 비롯한 열차 운행의 기본 시설을 관장하는 회사가 별도로 하나 세워졌습니다. 레일트랙이라는 회사죠. 사람을 실어 나르는 여객 회사는 25개, 물품을 운반하는 화물 운송 회사는 3개, 설비를 유지·보수하는 회사는 13개 등 지역과 기능에 따라 아주 잘게 쪼갰습니다.

영국 철도 민영화 이후 두 가지 현상이 뚜렷하게 나타났습니다. 첫 번째는 철도 요금이 크게 올랐다는 거죠. 그렇다고 서비스가 좋아졌다거나 열차 차량이 고급화된 것도 아닙니다. 실제로 영국 철도 요금은 유럽에서도 비싸기로 악명이 높습니다. 영국 공영방송인 BBC의 보도에 따르면 1995년부터 2013년까지 영국 물가는 65% 올랐지만 철도 요금은 200~300% 이상 오른 것으로 나타났습니다. 런던에서 맨체스터까지 가는 기차 요금은 208%, 에든버러까지는 134%, 엑스터까지는 205% 올랐습니다. 요금은 이렇게 올랐지만 민간 철도 사업자들은 채산성이 떨어진다는 이유로 투자를 기피합니다. 그러니 열차와 철로 등 설비는 노후화되고 이에 따라 운행에 차질을 빚게 됩니다.

요금 인상보다 더 심각한 것은 안전사고입니다. 1993년 철도가 민영화된 이후 크고 작은 안전사고가 많이 발생했습니다. 우리가 주목해야 할 부분은 안전사고의 발생 원인입니다. 1997년 런던 인근 사우스홀에서 열차 사고가 발생해서 7명이 사망하고 150명이 부상당했어요. 사고 원인은 열차 보호 장치를 설치하지 않기 때문인데, 회사는 비용 절감 차원에서 그렇게 한 것이라고 말했죠. 공공의 안전보다 이윤을 중시하는 사기업이기 때문에 이런 발상이 가능한 것이죠. 이뿐 아닙니다. 대형 사고가 연이어 발생했습니다. 1999년 열차 충돌 사고로 31명이 사망했는데 사고 원인이 신호 시설 부족이었어요. 2000년에는 열차 전복 사고로 4명이 사망했는데, 비용 절감을 이유로 선로 균열을 방치한 것이 사고의 원인이었어요. 기찻길이 갈라져서 위험이 빤히 보이는데도 돈을 아끼려고 그대로 뒀다가 사고가 난 것이죠. 사람보다 돈을 우선해서 생긴 사고입니다. 민영화가 되면 기차 요금이 인하되고 서비스 질은 높아질 것이라는 민영화론자들의 주장과 현실은 정반대였던 셈입니다.

철도 민영화의 부작용으로 대형 안전사고가 발생하자 영국 정부는 해법을 고민하기 시작했어요. 2002년 노동당 정부는 철도 시설을 관리하는 사기업인 레일트랙만이라도 우선 공기업화하기로 했습니다. 이렇게 해서 생긴 공기업이 네트워크레일입니다. 민영화된 레일트랙이 사라지고 공기업인 네트워크레일이 생긴 이후 안전사고가 줄고 비용 절감도 이뤄진 것으로 평가받고 있습니다. 하지만 여객과 화물 운송 회사는 여전히 민간 사기업입니다.

영국은 기차를 가장 먼저 발명한 곳이고, 민영 철도와 국영 철도도 경험한 나라입니다. 기차가 처음 등장한 19세기 이후 민간 철도 회사 중심이었지만, 1940년대 노동당 정부가 이를 국유화했습니다.

이후 1993년 보수당 정부는 철도를 다시 민영화했죠. 민영화 이후 요금 인상, 안전사고 발생 등 문제점이 속출하고 있으나 한번 민영화가 되면 국영기업이나 공기업으로 되돌리는 일은 쉽지 않습니다.

영국 정부는 지난 2010년 철도 구조 개편 작업, 즉 철도 민영화 정책은 실패한 것이라고 공식적으로 인정했습니다. 이런 발표에도 불구하고 영국은 여전히 민간 사기업이 철도 사업의 중심입니다. 하지만 철도 민영화의 부작용이 심각하기 때문에 철도 관련 모든 사업을 다시 국영화 또는 공기업화해야 한다는 목소리도 여전히 그치지 않고 있습니다. 실제로 영국 정부는 2018년 우리나라 경부선과 비교될 수 있는 주요 간선 철도인 런던-에든버러 노선 운영권을 되찾아 올 계획을 세우고 있습니다. 영국 노동당은 철도는 물론에너지, 상수도 등 주요 공공 서비스와 기간산업을 다시 국유화시키겠다는 입장을 밝혔습니다. 민영화 논쟁은 우리나라뿐 아니라 세계 곳곳에서, 그리고 과거가 아니라 지금 현재에도 진행되고 있다는 사실을 영국의 상황에서 확인할 수 있습니다. 영국에서 철도 민영화 또는 재국유화는 여전히 뜨거운 사회적 의제입니다. 우리나라도 그렇습니다.

기차는 '출퇴근' 문화를 만들었다

철도와 함께 생긴 새로운 풍경이 있습니다. 그것이 무얼까요? 바로 '출퇴근'이라는 근대적 풍경이죠. 그 전에는 사람들을 한꺼번에 많이, 빨리 실어 나를 수 있는 운송 수단이 없었습니다. 철도가 생기기 이전 수천 년 동안 대부분의 사람들은 걸어 다녔고 일부만이 우마차를 이용했습니다. 기본적으로 장거리 여행이라는 개념이 거의 없었다고 보면 됩니다. 집과 일터가 분리될 수 없었죠. 증기기관과 철도가 발명되기 이전 영국을 비롯한 전 세계 대부분의 나라 국민들은 농업에 종사했습니다. 출퇴근 시간 개념 자체가 없었던 것이죠. 해가 뜨면 일어나서 논밭이나 목장에 나가고 해가 지면 들어왔죠. 농한기에는 그런 것도 없었고요.

산업혁명 이후 세계는 급격하게 공업화 사회로 바뀌게 됐습니다. 농사 짓던 많은 사람들이 공장에 출근하는 노동자가 됐죠. 철도가 생기면서 장거리 여행이 가능하게 되자 일터와 집이 멀리 떨어져도 큰 문제가 되지 않았습니다. 통근 기차를 타고 다니면 되니까요. 지금도 유럽 각 나라에는 열차나 지하철 등을 이용해서 출퇴근하는 노동자들이 많습니다. 보통 월 단위 정기권을 이용합니다. 우리나라도 전철을 이용해서 출퇴근하는 노동자들이 많죠. 우리는 월 단위 정기권보다는 정액권을 많이 이용하는 게 유럽 나라들과는 다르죠.

그런데 유럽 나라별 출퇴근용 정기권 기차 요금을 비교해 보면 영국이 압도적으로 비쌉니다. 45킬로미터 정도 거리를 이용할 경우 영국에서는 최소 매달 300파운드, 우리 돈으로 43만 원 수준입니다. 반면 프랑스, 이탈리아, 독일, 스페인에서는 9만3,000원~17만 원 정도면 됩니다. 벨기에는 21만 원 수준으로 조금 비싼 편이지만 대개 회사에서 출퇴근 교통비를 지원합니다. 그래서 실제로 노동자들이 부담하는 요금은 7만 1,000원 수준입니다.

영국은 또 기차 요금 종류가 아주 많습니다. 영국의 대표적인 철도 노선인 런던과 에든버러를 오가는 노선을 예로 들어 보겠습니다. 같은 날이라도 시간대별로 요금 차이가 큽니다. 출근 시간 직전인 오전 7시 출발 기차는 8만5,000원 수준으로 비교적 싼 편입니다. 출근 시간대인 8시 출발 기차는 두 배를 훨씬 넘는 22만4,000원 수준이죠. 가장 비싼 가격대입니다. 오전 9시 이후는 10만 원 정도 됩니다. 예전에 영화를 상영할 때 조조할인이라는 게 있었습니다. 오전에 영화를 보면 요금을 깎아 주는 관행입니다. 하지만 오전에 영화를 보는 사람은 사실상 거의 없죠. 영화 요금은 사람들이 많이 볼 때의 시간을 기준으로 봐야 실제 가격에 가까워집니다. 기차 요금도 마찬가지죠. 이용객이 적은 시간대에는 낮은 요금을 받고, 가장 많은 사람이 이용할 때 가장 비싼 가격을 받는 셈입니다. 이걸 '가격 차별' 정책이라 하는데, 사실상 요금 인상을 위한 편법이기도 합니다. 우리의 경우 서울에서 부산까지 가는 KTX 요금은 일반실 한 종류, 특실 한 종류뿐입니다.

이처럼 유럽이라 하더라도 나라마다 많이 다릅니다. 어떤 나라를 만들 것인지는 그 나라의 시민과 시민사회, 정치인과 정당 등이 논쟁도 하고 토론도 하고 투표도 하면서 최종적으로 결정하는 것입니다. 철도뿐 아니라 의료나 교육, 부동산 등 중요한 분야의 정책도 마찬가지 과정을 거치면서 결정되는 것이죠.

철도 민영화를 둘러싼 오랜 갈등

지난 2013년 한국의 철도노조가 파업을 했습니다. 그해 12월 9일부터 30일까지 20일 넘게 장기 파업을 했죠. 노조가 파업을 한 이유는 정부의 철도 민영화를 막기 위해서였습니다. 당시는 박근혜 대통령이 취임한 지 1년이 채 안 된 시점이었죠. 박근혜 대통령은, 민영화를 하지 않겠다고 했는데 왜 정부를 못 믿느냐며, 파업하는 노조에 화를 냈습니다. 대통령까지 나서서 아니라고 하는데 왜 노조는 믿지 못했을까요? 여러분, 중요한 것은 말이 아니라 행동입니다. 말과 행동이 다르면 말은 불신의 대상일 뿐이죠.

사실 박근혜 대통령 이전에도 철도 민영화 움직임이 있었습니다. 이명박 대통령 때의 일입니다. 이명박 대통령의 임기 말인 2011년 12월 정부는 KTX 민영화 추진 계획을 발표했습니다. 6개월 이내에 민영화 작업을 끝내겠다며 속도전으로 밀어붙였습니다. 하지만 무리한 민영화 방침은 다수 국민의 반대에 부딪혔고, 급기야 대통령이 소속된 여당까지 반대 입장을 밝혔습니다. 당시 특정 재벌에게 고속철도 사업을 넘길 것이라는 소문이 무성했죠. '철도 민영화는 정부가 특정 재벌에게 특혜를 주고 철도 이용객에게는 불편을 줄 뿐'이라는 여론이 높아지자 정부가 뒤로 물러설 수밖에 없었습니다. 마침 2012년에는 국회의원을 뽑는 총선과 대통령을 뽑는 대선이 있었기 때문이죠. 코앞에 닥친 선거에서 이기려면 국민들의 눈치를 안 볼 수 없었던 것입니다.

이명박 대통령이 민영화를 하려던 철도는 수서에서 부산, 목포로 가는 노선이었습니다. 지금은 SRT로 불리는, 수서에서 출발하는 고속열차입니다. SRT는 박근혜 대통령 시절인 2016년 12월 개통됐습니다. 당시 정부는, 철도가 독점 산업이기 때문에 경쟁을 촉진하기 위해 수서에서 출발하는 새로운 고속철도 노선은 민간이 운영해야 한다는 논리를 폈습니다. 서로 경쟁을 해야 한다는 말입니다. 그럴 듯하죠. 하지만 따지고 들어가면 여러 가지 허점이 많은 논리입니다.

대통령 후보 때 철도 민영화를 반대했던 박근혜 대통령은 당선되자 곧 SRT를 한국철도공사와 별개인 회사를 새로 만들어서 운영하겠다고 밝혔습니다. 민간 회사에 넘기는 것이 아니기 때문에 민영화는 아니라고 주장했죠. SRT를 운영하는 회사는 주식회사SR입니다. 이 회사는 현재 한국철도공사의 자회사입니다. 한국철도공사가 '엄마 회사'라면 SR은 '자식 회사'라는 말입니다. 엄마와 자식이 경쟁하는 이상한 구조입니다. 시민사회와 노동조합은 수서발 고속철도를 별도 회사를 만들어 운영하지 말고 기존의 한국철도공사에서 통합 운영해야 된다고 주장했습니다. 하지만 박근혜 정부는 이두 회사가 경쟁을 하면 요금도 내리고 서비스 질도 높일 수 있다는 논리를 폈습니다. 철도를 민영화하려 했던 전임 이명박 대통령 때와 똑같은 논리입니다. 다수 국민과 노동조합이 박근혜 대통령의 말을 못 믿겠다고 주장한 것은 이 때문입니다.

경쟁의 기본 조건은 공정입니다. 공정한 조건 속에서 경쟁해야 의미가 있는 것이죠. 몸무게 100킬로그램인 헤비급 선수와 50킬로그램인 경량급 선수에게 권투 시합을 하라고 하는 것은 공정한 것이 아닙니다. KTX를 운영하는 한국철도공사는 대규모 부채를 안고 있습니다. 10조 원이 훨씬 넘습니다. 부채의 상당 부분은 고속철도 건설을 위해 사용된 비용입니다. 철도공사는 이 돈을 지금도 계속 갚아나가고 있어요. 또 한국철도공사가 운영하는 철도에는 KTX만 있는 것이 아니죠. 새마을호도 있고, 무궁화호도 있습니다. 그리고 서울-부산, 서울-목포 등 주요 노선 이외에도 전국 각 지역에 수많은 노선이 있습니다. 산골 오지를 다니는 벽지 노선도 있죠. 그런데 KTX를 제외한 거의 모든 노선은 적자를 보고 있습니다. 이용하는 사람이나 화물이 많지 않기 때문입니다. 만약 민간 사기업이 철도를 운영했다면 적자가 발생하는 노선은 아마 열차 운행을 중단했을 것입니다.

비유를 들어 말하자면 엄마 회사인 한국철도공사에게는 KTX라는 자식만 있는 게 아니라 새마을호, 무궁화호라는 자식도 있고, 서울-부산, 서울-광주, 서울-대전을 달리는 자식 이외에 오지 산골 마을을 다니는 자식도 있는 거죠. 이 중에 큰아들 KTX만 이익을 내고 다른 자식들은 모두 적자입니다. 그렇다고 다른 자식들을 버릴 수는 없어요.

반면 자식 회사인 주식회사SR은 SRT(수서발 고속철도)라는 자식 하나뿐이죠. 그런데 이 노선은 흑자입니다. 거기에다가 SRT가 달리기 위해 새로 만든 철도의 건설비는 정부가 부담했죠. 물론 SRT가 철도 사용료를 내긴 하지만 목돈을 들일 일은 없었던 것입니다.

KTX와 SRT를 경쟁시킨다는 것은 무슨 의미일까요? 100미터 달리기를 한다고 가정해 보죠. KTX는 다리에 모래주머니 여러 개를 달고 뛰게 하고, SRT는 다리에 아무것도 달지 않고 달리게 하는 것입니다. 그것도 모자간에 말이죠. 부당 경쟁이라고 할 수 있습니다.

고속철도(KTX와 SRT) 이외에는 거의 다 적자인 이유는 철도 산업 내부의 경쟁이 부족해서가 아닙니다. 철도가 다른 교통수단과 비교할 때 경쟁력을 갖지 못했기 때문입니다. 대부분의 사람들이 장거리 이동할 때 철도를 이용한 것은 옛날이야기가 됐습니다. 이제는 대부분 승용차를 이용합니다. 고속버스나 비행기도 철도의 경쟁자죠. 만약 사람들이 철도를 이용하지 않는다면? 고속도로는 지금보다 훨씬 더 늘어난 교통량 때문에 막히겠죠. 비행기나 고속버스, 승용차, 기차 등은 서로 경쟁 관계이면서 동시에 보완 관계이기도 합니다.

전 세계적으로 철도는 나라의 중요한 기간산업이고 운송 수단이지만 적자를 면치 못하고 있습니다. 다른 경쟁자들에게 밀리기 때문입니다. 물론 나라마다, 여객 운송이냐 화물 운송이냐에 따라 차이는 있습니다. 우리나라의 경우 그나마 고속철도가 생기면서 '속도'의 경쟁력으로 사람들이 많이 이용해서 흑자를 내게 된 것이죠.

상식적으로 보면 흑자를 내는 SR 노선도 한국철도공사로 통합해서 운영하는 것이 철도 적자를 줄이면서, 벽지 노선을 운영하는 재원을 마련하는 데 더 좋은 방법이라고 할 수 있습니다. 그런데 철도 민영화는 그 반대 방향으로 기차를 달리게 하는 것이나 마찬가지입니다.

그나마 다행인 것은 문재인 정부가 한국철도공사(코레일)와 주식회사SR을 통합하겠다는 입장을 가지고 있다는 점입니다. 하지만 민영화를 주장하는 목소리도 아직 남아 있습니다. 철도 민영화를 막기 위한 국민들의 관심과 지원이 여전히 필요한 이유죠.

강릉KTX 탈선 사고

2018년 12월 8일 오전 강릉을 출발해 서울로 가던 KTX가 출발한 지 10분 만에 탈선하는 큰 사고가 발생했습니다. 선로는 이틀 만에 복구돼 정상화됐지만 개통된 지 얼마 되지도 않은 KTX 노선에서 탈선이라는 대형사고가 발생해 국민들이 놀랐죠.

사고 원인을 둘러싸고 여러 가지 논란이 있습니다. 그동안 승객 안전보다 '돈벌이'에 눈이 멀어 철도의 공공성을 무시하고 민영화를 추진해온 정책 탓이라는 주장이 있습니다. 민영화된 영국 철도에서 대형 사고가 많이 발생했던 사실이 떠오르는군요. 이번 탈선의 직접적인 원인은 기차의 선로를 바꿔주는 기계 장치의 잘못 때문으로 추정되고 있습니다. 하지만 이것은 직접 원인일 뿐 이런 일이 가능하게 만든 다른 여러 가지 원인이 있습니다.

예를 들어볼까요? 가로등도 없는 밤길에 승용차를 운전하다가 도로가 움푹 파인 곳을 미처 발견하지 못해 덜컹 하고 길가로 굴러 떨어졌다면 사고 발생의 책임이 어디에 있을까요? 운전자의 부주의일까요? 아니면 도로 위의 구멍일까요? 또는, 가로등 관리를 잘 못한 지방자치단체일까요? 아니면 도로 관리를 제대로 하지 않은 도로공사일까요? 만약 운전자의 부주의로만 책임을 돌리면 어떻게 될까요? 도로에 난 구멍, 가로등 없는 어둠 때문에 밤길 사고는 끊이지 않을 것입니다. 사고 발생 원인을 제거하지 않았기 때문이죠. 물론 운전자는 항상 조심하고 안전 운전을 해야 합니다. 하지만 주변 환경을 안전하게 만드는 것 또한 매우 중요합니다.

이번 탈선 사고가 과거 철도 민영화를 추진했던 흔적 때문이라고 주장하는 사람들의 근거는 무엇일까요? 현재 우리 철도가 민영화된 것도 아니고, 당장 철도 민영화 움직임이 보이는 것도 아닌데 말이죠. 영국 철도를 민영화하는 과정에서 영국 정부가 기존 철도를 잘게 쪼개서 민간에게 팔았다는 사실을 기억하나요? 우리도 비슷한 과정을 거치는 중이었죠. 과거 철도 민영화를 찬성하는 정부가 다수 국민의 반대에도 불구하고 이를 강행하기 위해 철도를 쪼갰습니다. 한국전력공사를 그렇게 한 것처럼 말입니다(이에 대해서는 다음 장에서 자세한 설명이 나옵니다). KTX를 운영하는 코레일과 SR을 분리했고, 코레일과 철도 건설을 맡고 있는 한국철도시설공단을 쪼갰습니다. 원래 하나였어야 하거나, 하나였던 곳들이죠. 특히 코레일과 한국철도시설공단의 분리는 여러 가지 문제점을 발생시키고 있습니다. 이를 '상하 분리'라고 부릅니다. 하나의 철도에 대해, 건설은 철도시설공단이 맡고 운영은 코레일이 맡기 때문에 여러 가지 부작용이 나타날 수밖에 없다는 것입니다. 실제로 이번 강릉KTX 탈선 사건에서도 코레일과 철도시설공단 쪽이 서로 상대방에게 책임을 떠넘기며 싸우고 있습니다. 코레일은 철도 건설 당시의 잘못이라며 공단에 책임을 돌리고, 공단에서는 코레일이 그동안 별 사고 없이 운행하던 철도 위에서 생긴 사고이기 때문에 코레일 책임이라고 주장하고 있습니다. 코레일과 철도시설공단이 다시 통합해야 한다는 주장이 나오는 배경이기도 합니다. 이런 맥락에서 이번 탈선 사고에 책임을 지고 물러난 코레일 사장이 그만두면서 한 다음의 말은 귀 기울일 만합니다.

"공기업 선진화라는 미명 아래 추진된 대규모 인력 감축과 과도한 경영합리화와 민영화, 상하 분리 등 우리 철도가 처한 모든 문제를 그동안 방치한 것이 이번 사고의 근본적인 원인이며, 철도 공공성을 확보해서 우리 사회가 더 안전해지길 바랍니다."

철도 얘기 마치면서 한마디. 문재인 정부가 들어선 후 남북 관계가 급격하게 좋은 방향으로 개선되고 있습니다. 남북 교류의 가장 우선적이고 중요한 과제로 떠오르는 것이 바로 남북 철도 연결 사업입니다. 사람들은 이제 우리 철도가 한반도 전역과 동아시아를 연결하는 평화의 길 역할을 하는 것을 꿈꾸고 있습니다. 여러분은 부산에서 출발해 서울, 평양을 거쳐 중국 북경까지 가는 열차도 탈 수 있습니다. 근데 이건 너무 짧은 노선입니다. 아주 더 멀리 갈 수 있습니다. 부산, 광주에서 출발해 원산, 청진을 거쳐 러시아 블라디보스토크를 지나 시베리아를 가로질러 모스크바까지 갈 수 있습니다. 더 내키면 모스크바에서 유럽 대륙을 열차로 횡단한 후 끄트머리 나라인 포르투갈의 리스본까지 달릴 수 있어요. 생각만 해도 벅찬 철도 여행 아닌가요? 철도 산업을 민간 사기업에 넘기기 어려운 중요한 이유 가운데 하나입니다.

03 SK 전기? GS 전기?

전력 | 미국, 과도한 경쟁이 대정전 사태 가져와

2011년 9월 정전과 혼란

2011년 9월 15일 목요일. 추석 연휴가 끝난 지 이틀 후. 서울 목동야구장에서는 넥센과 두산의 프로야구 경기가 진행 중이었습니다. 넥센의 1회 말 공격. 갑자기 정전이 됐습니다. 운동장은 순식간에 암흑천지가 됐죠. 한 시간이 지나서야 전기가 들어왔습니다. 이날 정전이 된 곳은 야구장뿐이 아니었습니다. 제주도를 제외한 전국 상당수 지역에서 전기가 끊겼습니다. 전기를 공급하는 전력 회사는 이날 오후 3시 11분부터 7시 56분까지 5시간 가까이 지역별로 돌아가면서 전기 공급을 끊었습니다. 생산된 전기량보다 사용하는 전기량이 더 많았기 때문이죠. 이날 기온이 다른 해 같은 날의 기온보다 너무 높아서 전력 소비량이 예측보다 급증했기 때문에 발생한 일입니다.

전국이 큰 혼란에 빠졌습니다. 엘리베이터가 멈추는 사고가 너무 많이 발생해서 전국 119 긴급구조 대원들이 가장 바쁜 하루를 보내야 했습니다. 큰 공장들은 자체 비상 발전기로 위기를 넘겼지만 일부 공장은 가동을 멈춰야 했고, 은행도 비상 발전기를 돌려 큰 혼란을 막았지만 현금인출기가 잠시 작동하지 않아 사람들이 불편을 겪었습니다. 공공 기관도 정전이 돼 정상 업무를 볼 수 없는 곳이 있었습니다. 도시의 신호등이 꺼져서 차들이 엉키는 등 큰 교통 혼잡을 빚었습니다. 이날 오후 5시에 원서 접수 마감이던 전국 대부분의 대학은 마감 시한을 하루 연장하기도 했습니다. 아마 PC방에서 게임을 즐기던 친구들도 황당한 경험을 했을 겁니다. 5,000개가 훨씬 넘는 PC방이 피해를 본 것으로 나타났습니다.

이날 정전은 5시간이 채 안 돼 정상화됐고, 전력 회사가 지역별로 돌아가면서 전기를 끊었기 때문에 그나마 이 정도 수준에 그쳤습니다. 사실 우리나라는 전력망 관리가 비교적 잘 되는 편이어서 대규모 정전 사태는 많이 일어나지 않습니다. 그리고 대규모 정전 사태라 해도 2011년 9월처럼 몇 시간 정도에 그치면 심각한 상황까지는 가지 않을 수 있습니다. 큰 공장이나 병원, 은행 등 주요 기관에는 대부분 비상용 발전기가 있기 때문에 몇 시간은 버틸 수 있기 때문이죠.

그런데 대한민국 전체가 장기간 정전이 되는, 이른바 블랙아웃 사태가 발생하면 어떤 일이 벌어질까요? 물론 이런 재앙이 발생할 가능성은 높지 않아요. 하지만 그 가능성이 아주 없는 것도 아니죠. 2011년 9월 사태는 바로 블랙아웃 바로 직전 단계였거든요.

갑자기 전력 사용량이 공급량을 넘어 급등하거나, 예기치 않은 사고로 발전소 몇 개가 전기 공급을 멈추면 블랙아웃이 발생할 수 있습니다. 자연재해 때문에 발생할 수도 있어요. 실제로 2003년 미국의 동부 지역에서 일어난 대정전 사태의 경우, 초고압 송전선로(전기를 공급해 주는 고압선)가 나무와 접촉하면서 누전 사태가 발생했고 이걸 시작으로 대한민국 면적보다 더 넓은 지역에 전기가 끊겼습니다.

2017년 8월에 발생한 대만의 정전 사태는 직원의 사소한 실수로 시작됐습니다. 발전소 밸브를 잘못 작동시켜서 주변 지역에 전기가 끊겼는데, 이게 확산이 돼 대만의 절반이 블랙아웃 경험을 하게 된 것이죠. 전기는 전염병 같아서 관리 통제가 제대로 되지 않을 경우 특정 지역의 정전이 전체로 퍼져 나갈 수 있습니다.

만약 블랙아웃이 발생하면 세상은 전기가 탄생하기 전인 18세기로 돌아가게 됩니다. 각 가정에서는 수도 공급이 중단되면서 요리와 설거지가 불가능해지고, 화장실 물도 나오지 않아 상상할 수 없는 엄청난 혼란과 불편이 따르게 됩니다. 고층 빌딩이나 고층 아파트에 사는 사람들이 어떤 어려움을 겪을지 한번 상상해 보세요. 도시는 이내 '똥오줌 바다'가 될 수도 있습니다. 참으로 끔찍하겠죠? 냉난방도 안 되고, 모든 신호등을 비롯한 교통 통제가 불가능하게 돼 도시 교통은 마비됩니다. 전철 운행도 중단됩니다. 인터넷과 전화기가 먹통이 되고 은행이나 병원도 정상적 업무가 불가능하게 돼 사실상 사회가 마비되는 무서운 세상이 됩니다. TV 같은 매체도 볼 수가 없어 상황 파악도 못한 채 공포의 시간이 흐르겠죠. 현대 사회에서 전기가 없는 삶은 상상도 할 수 없습니다.

캘리포니아 대정전

이처럼 중요한 전기를 둘러싸고도 민영화 찬반 논쟁이 진행되고 있습니다. 늘 그래왔듯이 민영화를 주장하는 사람들은 국가 공급 독점에 따른 비효율을 제거해야 한다고 말하죠. 민간 사기업이 들어와 경쟁을 하면 서비스 질도 높아지고 가격도 내릴 수 있다는 주장입니다. 의료, 상하수도, 철도 같은 공공성이 높은 재화를 민영화해야 한다는 사람들의 논리와 똑같습니다.

민영화를 반대하는 쪽에서는, 민간 사기업의 목표는 기본적으로 최고 이윤을 얻는 것이기 때문에 공공재로서의 안정적 전기 공급이 제1의 목표 또는 가치로 설정되지 않을 것이라고 주장하죠. 민간 기업이 시설 투자를 제대로 하지 않아 전기 공급이 부족해질 수도 있고, 그들끼리 담합해서 오히려 전기 가격을 올릴 가능성이 높다는 것이죠. 여러분은 어느 쪽 주장이 맞을 것 같습니까? 구체적인 사례를 한번 살펴보면서 판단을 해보도록 하죠.

캘리포니아는 미국 50개 주 가운데 인구와 지역 총생산이 가장 많은 주입니다. 캘리포니아는 2001년 1월, 2차 대전 이후 처음으로 대규모 정전 사태를 겪게 됩니다. 샌프란시스코, 로스앤젤레스, 새크라멘토 등 대도시와 할리우드, 실리콘밸리를 비롯한 캘리포니아 거의 모든 지역에 전기 공급이 중단됐죠. 캘리포니아 주는 남한 면적보다 4배 이상 넓습니다.

전 세계적으로 주목을 받았던 캘리포니아 정전 사태는 우리나라에서도 전력 민영화를 둘러싼 논쟁을 촉발시켰습니다. 민영화 찬성론자들은 캘리포니아 주 정부가 민영화를 철저하게 하지 않았기 때문에 이런 일이 발생했다고 주장했죠. 세계의 거의 모든 나라에서는 전력 산업이 민영화가 됐든 국영 또는 공영화가 됐든 전기 가격을 통제하고 있습니다. 전기라는 상품이 가지고 있는 공공재 성격 때문에 정부의 개입이 필요하다고 보기 때문이죠. 민영화를 지지하는 사람들은 정부의 이 같은 가격 통제가 경쟁을 가로막는다고 주장하고 있습니다. 반면에 민영화를 반대하는 쪽에서는 캘리포니아 주 정부가 전력 산업을 민영화했기 때문에 이런 일이 발생했다고 주장했죠. 하지만 캘리포니아 주의 전력 산업은 애초부터 민간 기업 중심이었기 때문에 민영화 때문에 정전 사태가 발생했다는 주장은 사실과 다릅니다. 오히려 전력 시장을 개방해 사기업의 과도한 경쟁 체제를 도입한 결과입니다. 민영화는 아니지만 민영화론자들의 주장을 받아들인 정책 때문이라고 볼 수 있어요.

캘리포니아 주에서는 주 정부 인가를 받은 소수의 민간 전력 업체가 지역별로 독점적 지위를 누리면서 전기 사업을 했어요. 캘리포니아 주 정부는 1990년대 중반 전력 시장을 개방해 보다 많은 기업들이 시장에 진입할 수 있도록 했습니다. 많은 회사들이 여기에 뛰어들었죠. 경쟁이 치열해진 겁니다. 캘리포니아 주 정부는 민간 기업이 참여해 경쟁이 활발해지면 그 결과, 전기 가격도 낮아질 것으로 기대했죠.

발전소를 운영하는 발전회사는 생산된 전기를 전기 판매회사에 팔아요. 판매회사는 구입한 전기를 가정과 사무실, 공장에 판매합니다. 발전회사와 판매회사 간 전기 거래가 이뤄지는 곳을 전기 도매시장이라고 하고, 판매회사와 가정, 사무실, 공장 간에 전기 거래가 이뤄지는 곳을 전기 소매시장이라고 합니다. 마치 농수산물이 도매시장을 거쳐 소매시장인 동네 가게나 슈퍼, 마트를 통해 우리한테 전달되는 것처럼 말입니다. 소매시장의 전기 가격은 도매시장 가격보다 높습니다. 전기뿐 아니라 모든 재화는 도매가가 소매가보다 낮습니다. 도매시장은 대량 구매, 대량 판매가 이뤄지는 곳이기 때문이죠.

캘리포니아 주 정부는 전력 도매시장에 개입하지 않고 민간 전력 생산회사들과 전기 판매회사들이 거래를 통해 가격을 결정하도록 했습니다. 다만 가정이나 사무실 등의 전기료에 영향을 주는 소매시장은 전기 가격의 상한선을 주 정부가 정해 놓았습니다. 이윤을 목적으로 하는 사기업에게 일반 가정에게 파는 전기의 가격 결정권을 전적으로 맡겨 놓으면 전기료 인상을 통제할 수 없기 때문이죠.

캘리포니아 주 정부는 시장을 개방하고 경쟁을 촉진시키면 전기 가격(도매가격)이 떨어질 것이라고 기대했는데, 현실은 그렇지 않았습니다. 민간 발전회사들은 오히려 가격을 조금씩 높였죠. 하지만 전기 판매회사는 이때까지만 해도 도매시장에서 구매한 가격보다 비싼 가격으로 각 가정이나 사무실, 공장에 전기를 팔아 돈을 벌수 있었습니다. 그런데 2000년 들어서 도매가격이 가파르게 올라가기 시작했습니다. 전기 판매회사들이 발전회사로부터 사오는 전기 가격이 급등한 것이죠. 급기야는 한 해 전보다 무려 30배 이상 가격이 뛰기도 했어요. 전기 판매회사들은 가정에 공급하는 소매 가격을 올려달라고 주 정부에 요구했습니다. 하지만 주 정부는 이를 받아들이지 않았죠. 전기 판매회사 입장에서 보면 발전회사에서 구매하는 전기 가격은 급등하고 소비자에게 판매하는 가격은 올릴 수 없게 되니 어려움을 겪을 수밖에 없었겠죠. 결국 파산 지경에 이르게 된 판매회사는 발전회사들에게 줘야 할 전기 구입 대금을 지급할 수 없게 됐어요. 그러자 발전회사들은 전력 공급을 중단해 버렸습니다. 전기 판매회사에 가정이나 공장에 판매할 전기가 없었던 거죠. 그 결과 사상 유례를 찾아볼 수 없는 대규모 블랙아웃 사태가 온 겁니다. 민간 사기업들의 경쟁이 가격을 낮추고 전기를 안정적으로 공급해 줄 것이라는 기대는 산산조각 났습니다. 현실은 오히려 정반대였던 거죠. 피해는 캘리포니아 주민들에게 돌아갔습니다.

그런데 왜 이처럼 급격하게 전기 도매가격이 오른 것일까요? 캘리포니아 주 정부는 발전회사들이 전기 가격을 올리기 위해 발전 시설의 가동을 의도적으로 중단시켜 공급을 줄인 것이 주요 요인이라고 밝혔습니다. 발전 시설의 정지로 전기 공급량이 30% 넘게 줄어들었습니다. 공급이 중단된 전력량은 1,400만 가구에 공급할 수 있는 규모였습니다. 발전회사들은 발전소 수리와 점검 때문에 불가피한 조치였다고 주장하지만 전기 가격을 올리기 위한 부당한 담합이라는 의혹에서 벗어날 수 없었습니다. 여기에다 발전을 위해 필요한 연료인 가스 가격의 상승, 가뭄으로 인한 수력 발전량의 감소 같은 요인이 겹쳐서 가격이 폭등한 것이죠. 이와 함께 민간 사업자들이 전기 소비가 늘어나는 것에 대비한 투자를 게을리한 것도 원인으로 지적됩니다. 돈이 많이 들어가는 발전소 건설에 투자하지 않았다는 이야기입니다.

우리가 눈여겨봐야 할 부분은 전기 가격을 올리기 위해 발전회사들이 담합해 발전소를 중단시켰다는 사실입니다. 만약 민영화되지 않고 국영이나 공공 소유였다면 상상할 수도 없는 일이죠. 민간 사기업은 이윤이 최대 목표지만 공기업은 국민에게 전기를 안정적으로 공급하는 것이 1순위이기 때문입니다.

이처럼 민영화 찬성론자들이 언제나 강조하는 내용, 즉 경쟁이 서비스 질을 높이고 가격을 내릴 것이라는 주장은 현실에서는 적용되지 않았습니다. 미국은 각 주마다 전력 시장 정책이 다른데, 시장을 개방한 주와 그렇지 않은 주의 전기 가격 인상폭을 비교해 보면 경쟁 체제를 도입한 곳에서 전기료가 더 큰 폭으로 오른 것이 확인됩니다. 2000년부터 2015년까지 15년 동안, 시장을 개방한 주는 1킬로와트에 3.5센트 오른 데 반해 개방하지 않은 주는 2.5센트 올랐습니다.

캘리포니아 주 정부는 100억 달러(12조 원)의 공적 자금을 투입해 대규모 정전 사태를 해결해야 했습니다. 또 주 정부가 직접 발전회사와 장기 계약을 맺어 전기를 구입하는 걸로 제도를 바꿨습니다. 결국 전력 시장의 경쟁 체제 도입은 실패로 끝나고 다시 판매시장의 공영화를 선택하게 된 것입니다. 전기나 수도와 같은 공공성이 높은 재화의 민영화가 가져오는 재난을 우리는 캘리포니아 정전 사태에서 확인할 수 있습니다.

공기업은 달랐다

　한편 캘리포니아 주 정전 사태에서 우리가 주목할 게 하나 있습니다. 캘리포니아 주 민간 전력 판매회사들이 전기 가격을 올릴 때 오히려 가격을 내리고, 핵발전소를 폐쇄하고 태양광 발전 같은 대안 에너지 구축 사업을 대대적으로 펼쳤으며, 정전 사태에도 불구하고 자기 지역에 전력 공급이 가능했던 회사가 있었다는 거죠(실제로는 이 지역도 정전이 됐었는데, 이는 주 정부의 순환 정전 요구에 따랐기 때문입니다. 이 회사는 자신들 지역이 정전됐을 때 남는 전기를 다른 지역에 지원해 줬죠). 이 회사는 새크라멘토전력공사라는 공기업입니다. 새크라멘토는 캘리포니아 주에 있는 도시입니다. 이 회사는 새크라멘토 시와 시민들이 출자해서 만든 공기업이기 때문에 위와 같은 일이 가능했던 것이죠.

　다른 민간 사기업이 이윤 확보에만 관심을 두고 발전회사나 전기 판매회사를 운영할 때 이 회사는 소비자인 시민이 부담하는 전기 가격을 낮추는 방법, 핵발전소를 대체할 대안 에너지 시설을 만드는 방안을 찾기 위해 노력했습니다. 공공의 이익을 먼저 생각하는 공기업이기 때문에 할 수 있었죠. 이 회사 이사회는 시민들이 선출한, 전력과 경영 분야 전문가들로 구성됩니다. 그러니 회사의 주요한 의사 결정의 기준이 기업 이윤보다 시민의 이익인 것은 당연한 결과 아니겠어요? 이 회사가 주민투표로 핵발전소를 폐쇄하고, 여름에 에어컨 사용을 줄이기 위해 백만 그루 나무 심기 운동을 펼치고, 주민들의 지붕과 주차장에 태양광 발전기를 설치한 것은 모두 시민들의 의사를 반영한 결과입니다.

또 새크라멘토전력공사는 자체적으로 발전 설비도 가지고 있었습니다. 다른 민간 전기 판매회사들은 대부분 가지고 있던 발전 설비, 즉 발전소를 매각했습니다. 도매시장에서 싼 값에 전기를 사다가 소비자에게 판매하는 것이 직접 전기를 생산해서 파는 것보다 더 많은 이윤을 남길 것으로 판단했던 거죠. 주민들에게 전기를 안정적으로 공급하는 것은 민간 사기업들의 우선적 가치가 아니었습니다. 하지만 새크라멘토전력공사에게는 안정적 전기 공급과 함께 핵발전소와 대기를 오염시키는 석탄, 석유 등 화석 연료 대신 대안 에너지를 확보하는 것이 돈을 많이 버는 것보다 더 중요한 가치였던 것입니다. 새크라멘토 시민들이 비용이 더 들더라도 위험한 핵발전소보다 태양광 발전을 선택한 것도 이런 맥락에서 이해할 수 있어요. 눈앞의 경제적 이익만 중시하는 사기업에서는 할 수 없는 선택이죠.

"중앙정부 독점도 문제다"

새크라멘토전력공사가 이룬 성과에 주목하는 사람들은 전력산업의 민영화 논쟁에 대해 새로운 논점을 제시합니다. 이들은 민영화에는 찬성하지 않지만, 중앙정부 독점 체제도 문제가 있다고 비판합니다. 현재 우리나라는 한국전력공사(KEPCO, 한전) 독점 체제입니다. 이런 중앙집권적 전력 공급 체계는 여러 가지 문제점을 발생시킨다는 것인데요.

우선 지적되는 것은 전국의 전기 공급을 하나의 대규모 독점 공기업이 맡고 있을 경우 태양광, 풍력, 조력 발전 등 친환경적인 대안에너지를 개발하는 것이 불가능에 가깝다는 점입니다. 전국이 한단위가 되면 지역의 이익은 중요하게 생각되지 않겠죠. 독점적인국영 또는 공영 전력회사에서 전기 발전과 송전 등 모든 계획을 세우고 지방은 그 지침에 따를 뿐이라는 것이죠. 중앙에서는 전국에전기를 공급해야 하는 책임을 지고 있는데, 이를 위한 가장 손쉬운방법은 대형 원자력 발전소와 화력 발전소를 건설하는 것입니다.

우리가 사례로 든 새크라멘토전력공사는 사기업이 아닌 공기업입니다. 동시에 중앙집권적이 아니라 지역이 중심이 돼서 전력 생산과 소비가 이뤄지는 회사입니다. 이런 주장을 하는 사람들은 '지역화'를 강조합니다. 전국 단일의 전력 회사가 아니라 지역을 거점으로 한 전기 회사가 필요하다는 주장이죠. 지역 공기업 형태와 함께 시민들이 모여서 만든 협동조합도 전력 산업의 한 주체가 돼야한다고 말합니다. 그래야 지역에 적합한 발전 방식과 발전 규모에맞는 정책을 수립할 수 있고, 이 과정에서 시민의 목소리가 반영될수 있을 테니까요. 생태와 환경을 중시하며 지속 가능한 에너지 생산과 소비를 강조하는 사람들이 이런 주장을 하고 있습니다. 지구 온난화 주범 가운데 하나인 화력 발전과 위험성이 높은 원자력 발전을 점차 줄이고 대안 에너지 개발에 정책의 중심을 둬야 한다는 문제의식이 이 주장의 핵심 배경이죠.

재벌, 전력 시장에 이미 들어와 있다

현재 우리나라 전력 시장은 공기업이 주도하고 있는 가운데 발전 부문에서 부분적으로 민간 회사가 참여하고 있습니다. 한국에서 전력 시장 민영화 논의가 시작된 것은 오래 전입니다. 1997년 우리나라가 구제금융을 받을 때 우리에게 돈을 빌려준 IMF가 공기업 민영화를 중요한 조건으로 내세웠습니다. 우리나라의 우량 공기업에 외국 자본이 투자해서 이익을 남길 수 있는 길을 열기 위해서였죠. 'IMF 구제금융'이란 한 국가가 국제무역을 할 때 결제 수단으로 필요한 외국환(주로 달러를 말합니다)이 부족해서 국가 부도가 날 위기에 처했을 때 긴급하게 달러를 빌려 주는 것을 말합니다.

이때부터 우리나라의 주요 공기업이 많이 민영화됐습니다. 한전의 경우 1990년대부터 민영화 움직임이 시작됐어요. IMF 이후 한전 민영화 움직임이 속도를 내기 시작했죠. 한전은 덩치가 큰 회사입니다. 전기를 생산하는 발전 부문, 운반하는 송전과 배전 부문, 가정이나 사무실, 공장에 전기를 공급하는 판매 부문을 한전에서 총괄적으로 담당했습니다. 이렇게 큰 회사를 민간에게 팔기는 어렵습니다. 너무 비싸서 사겠다고 나설 기업이 없기 때문이죠. 우리나라에 있는 수력, 원자력, 화력(석탄) 발전소 전부와 전국 방방곡곡에 깔려 있는 고압 송전탑과 전선, 이 모든 것을 한꺼번에 판다는 것은 불가능한 일이죠. 살 회사가 없을 테니까요.

그래서 정부는 한전을 민영화하기 위해 회사를 잘게 쪼개서 팔기로 했죠. 가장 먼저 한 일이 전기를 생산하는 발전소, 즉 발전회사를 한전에서 분리시키는 것이었죠. 우리나라 발진량 중 가장 많은 부분을 차지하는 화력(석탄) 발전소를 5개 회사로 나누고, 수력과 원자력 발전소는 한국수력원자력이라는 이름으로 따로 독립시켰어요. 정부는 이 6개 발전회사를 민간 자본에 넘길 계획을 가지고 있었죠. 바로, 민영화죠. 하지만 노동조합과 국민들의 반대가 높아지자 발전회사를 6개로 분리하는 데까지만 진도를 나갔고 그 다음 단계인 민간에 매각하는 데까지는 못 갔습니다. 이 6개 발전회사는, 분리는 됐지만 한전이 주식 100%를 가지고 있는 자회사 형태로 남아 있습니다.

우리나라는 한전에서 분리된 6개 발전 공기업과 함께 민간 기업도 발전소를 갖고 전기를 생산하고 있습니다. 1990년대부터 민간 기업이 발전 산업에 본격적으로 뛰어들기 시작했죠. 현재는 SK, GS, 포스코 등 재벌 계열 기업이 참여하고 있습니다. 현재 우리나라 발전 총량 가운데 한전 자회사의 생산량이 75%, 민간 발전 업체의 생산량이 25% 정도 됩니다. 발전시장은 공기업이 주도하면서 민간 사기업과 공존하는 상황이죠.

우리나라에서 전력 산업 민영화와 관련된 주요 쟁점은 두 가지로 볼 수 있습니다. 첫째는 위에서 설명한 한전이 100% 주식 지분을 가지고 있는 6개 자회사를 민간 기업에 팔 것인가 하는 것이고, 둘째는 한전이 독점하고 있는 판매시장도 발전시장처럼 분할해서 민영화를 할 것인가 하는 점입니다. 만약 판매시장을 민영화한다면 우리는 마치 SK, KT, LG 세 군데 통신사 중 하나를 선택하듯이 SK 전기, 포스코 전기, GS 전기 중 하나를 골라서 구매해야 되는 날이 올 수도 있어요. 전력 시장 민영화를 주장하는 쪽에서는 판매시장도 한전 독점체제를 깨고 민간 회사에 분할해서 매각해야 된다는 입장이죠.

우리가 주목해야 할 대목은 다른 부문 민영화와 마찬가지로 전력 시장 또는 에너지 시장의 민영화도 정권에 따라 그 입장이 달라진다는 점입니다. 김대중 대통령은 IMF 구제금융 때 임기를 시작했어요. 그래서 IMF의 주요 요구사항 가운데 하나인 공기업 민영화를 거부하기 어려웠습니다. 광범위한 공기업 민영화가 시작된 시기죠. 하지만 다음 정권인 노무현 정부 시절에는 강도 높은 민영화 움직임에 제동을 걸기 시작합니다. 노조와 시민사회 그리고 국민 여론을 존중한 정책을 폈기 때문이죠. 실제로 노무현 대통령 시절에 노조, 회사, 정부의 3자 간 합의, 즉 노사정 합의로 전력 민영화를 중단시켰습니다.

그런데 이후 이명박 대통령 시절에 다시 민영화 움직임에 시동을 걸게 됩니다. 전기, 철도, 의료 등 주요 공공 부문을 민간 기업에게 개방하거나 넘기려고 했어요. 앞에서 설명한 대로 이명박 대통령은 집권한 직후인 2008년 광우병 소고기 수입을 반대하는 대규모 촛불 시위에 놀라서 주요 공공 부문의 민영화 정책을 중단하겠다고 밝혔습니다. 하지만 뒤이어 집권한 박근혜 대통령은 다시 전기, 철도, 의료 등을 민영화하려고 했어요. 국민들의 반대 여론에도 불구하고 밀어붙이려고 했어요. 박근혜 대통령 역시 2016년 전국에 걸쳐 불타오른 촛불 항쟁으로 민영화 강행을 중단할 수밖에 없게 됐어요. 문재인 정부 들어서는 민영화에 박차를 가하던 전 정부와는 다른 입장을 보여주고 있습니다. 이미 언급한 수서발 고속철도를 민영화하지 않고 코레일에 통합하려고 합니다. 공공성을 강화하는 방향이죠. 이처럼 민영화 정책은, 영국 철도 민영화 사례에서 본 것처럼 정권의 성격에 따라 방향이 크게 바뀝니다. 국회의원, 대통령 선거 때 어느 정당, 어느 후보를 찍을 것인가 고민할 때 이런 점을 감안해서 투표를 해야 하는 이유이죠.

'죽음의 외주화'와 민영화

2018년 12월 11일, 24살 청년이 목숨을 잃었습니다. 위에서 말한, 5개로 분리된 화력 발전회사 가운데 하나인 한국서부발전 소속 태안화력발전소에서 일하던 비정규직 노동자 김용균 씨였습니다. 이 회사에서는 2010년부터 8년 동안 12명의 비정규직 하청 노동자들이 사고로 숨졌으며 부상당한 사람도 19명입니다. 2012년부터 5년 동안 5개 화력발전소에서 발생한 사고 346건 가운데 97%(337건)가 하청 업무에서 일어났습니다. 공기업인 한국서부발전은 태안화력발전소의 현장 운영과 정비 작업을 한국발전기술이라는 민간 기업에 맡겼습니다. 사망을 비롯해 많은 산업안전 재해가 발생하는 위험한 업무를 외부 민간 기업에 떠넘긴 것이죠. 그래서 사람들은 이를 '위험의 외주화, 죽음의 외주화'라고 부릅니다. 이 사망 사건의 원인을 죽은 사람의 실수라고 아무도 말하지 않습니다. 왜일까요? 이루 말할 수 없는 열악한 작업 환경을 알면 그런 말을 할 수 없기 때문입니다. 왜 이런 위험한 현장이 방치되다시피 유지됐을까요?

공공재를 생산하는 공기업이 공공성보다 돈벌이를 가장 우선시할 때는 민간 사기업과 똑같은 행태를 보일 수밖에 없습니다. 공기업인 한국서부발전은 힘들고 위험하고 어려운 일을 민간 기업인 한국발전기술에 외주를 준 것입니다. 한국발전기술은 어떤 회사일까요? 발전소의 정비와 운영은 원래 공기업인 한전 소속 정규직 노동자가 담당했습니다. 이어 한전 자회사 담당으로 바뀌었고, 1990년대부터는 민간 기업들도 참여할 수 있게 되었죠. 공기업이던 한국발전기술도 2014년부터 민간 기업으로 바뀌었습니다. 놀라운 사실은 이 회사의 대주주가 '사모투자' 회사라는 사실입니다. 사모투자 회사는 소수의 개인들이 최고의 수익을 좇아 자금을 모아 주식이나 채권, 부동산, 기업경영권에 투자하는 것을 전문으로 하는 회사입니다.

전기는 중요한 공공재입니다. 그 전기를 생산하는 발전소를 운영하고 점검하는 중요한 일을 고수익만 좇는 사모투자사가 대주주인 민간 회사에 맡긴 것이죠. 사람의 생명보다, 안전한 현장보다, 한 푼이라도 돈을 더 많이 버는 것을 중요 목표로 삼는 기업이 운영한 결과 이런 비극적인 일이 발생하는 것이죠. 공공성보다 효율과 이윤을 중시하는 가치를 내세운다면 공기업도 일반 사기업과 크게 다를 것이 없습니다.

사실 힘들고 어려운 일, 특히 생명의 위협까지 따르는 일을 하는 사람들에게 가장 중요한 것은 안전입니다. 또 어렵고 위험한 일을 하는 만큼 임금이나 수당도 더 많이 주는 게 당연합니다. 하지만 저임금 비정규직 노동자를 고용해서 사실상 노동자의 생명까지 위협하며 착취하고 있는 게 현실입니다. 이런 일을 막기 위해서는 원청회사라고 불리는 발전회사에서 이들을 직접 고용해야 합니다. 정부도 말로는 상시적이고 위험한 업무는 정규직을 고용하겠다고 하지만 현실은 그렇지 않습니다. 이런 사고가 발생해도 발전회사는 하청업체에 책임을 다 떠넘기는 게 현실입니다. 이런 불행한 사고를 막기 위해서는 원청회사가 발뺌할 수 없게 법으로 책임을 강화해야 합니다.

많은 노동자들은 발전소의 사망 사고는 물론 KTX 탈선, KT 화재 사고도 '위험의 외주화'에 따른 것이라고 강조하고 있습니다. 정부와 국회에서 이런 여론을 받아들여 법을 만들고 행정을 펼친다고 말은 하지만 지속적인 요구가 없으면 흐지부지될 가능성 또한 높습니다. 민주주의도 그렇지만 산업 안전도, 인권도, 그것을 위해 싸우지 않고 방관하고 있으면 지켜지지 않습니다.

그나마 다행인 것은 노동자 김용균 씨의 사망 이후 그의 부모님과 동료들 그리고 노동조합과 시민사회가 함께 싸워서 위험의 외주화를 막을 수 있게 됐다는 점입니다. 이들은 김용균 씨 사망 이후 약 두 달 동안 장례식도 치르지 않은 채 더 이상 비극적인 일이 생겨나지 않도록 조치를 취해줄 것을 정부에게 강력하게 요구하며 싸웠습니다. 그 결과 정부는 다섯 개발전회사 산하 발전소 운영, 정비를 담당하고 있는 다섯 개 민간 하청 회사를 하나로 통합해서 공기업화하기로 했습니다. 또 다섯 개 민간 하청 회사에 다니는 2,200여 명의 비정규직 노동자를 정규직으로 전환하기로 했죠. 한 명의 고귀한 생명과 이 희생을 헛되지 않게 싸워온 많은 사람들의 행동이 가져온 소중한 결실입니다.

04 비싼 것만 판다?

통신 잘린 사람들과 배 불린 사람들

라면 가격과 통신비

"우리나라 분식센터에서 파는 김밥과 라면 값이 너무 비싸
다. 가격을 내리겠다."

만약 대한민국 대통령이 어느 날 이런 내용을 발표한다면 국민
들은 어떤 반응을 보일까요? '아무리 대통령이라도 그렇지, 김밥 라
면 값까지 올려라 내려라 하는 건 말이 안 되는 것 아냐?' '분식센터
주인이 판단해서 가격을 정하면 되고, 소비자는 비싸면 다른 걸 사
먹으면 되는 것 아냐?' '셀 수 없이 많은 상품 가격을 대통령이나 정
부가 올리라느니 내리라느니 하는 것은 실현 불가능할 뿐 아니라
권력을 남용하는 행동 아냐?' 이렇게 생각하지 않을까요?

그렇습니다. 우리가 흔히 말하는 시장 경제에서는 상품의 가격
이 누군가의 통제나 지시로 결정되지 않습니다. 상품의 가격은 수
요와 공급이 만나서 결정된다고 경제학 책에서는 가르쳐 주고 있습

니다. 수요가 공급보다 많으면 가격이 올라가고, 공급이 수요보다 많으면 가격이 내려갑니다. 현실적으로도 대통령이나 정부가 분식센터 주인에게 음식 값을 올려라 내려라 할 일은 없어요.

> "우리나라 통신비는 너무 비싸다. 기본료를 없애서 통신비용
> 을 낮추겠다."

그런데 대통령이 이렇게 말했다면 어떨까요? 많은 국민들은 아마 '맞아, 통신비가 너무 많이 나와. 낮춰야 돼' 이렇게 생각할 가능성이 높습니다. 실제로 문재인 대통령은 후보 시절 이런 공약을 내세웠습니다. 통신비가 너무 높아 국민들의 가계에 부담이 되기 때문에 기본료 11,000원을 없애 부담을 덜어 주겠다는 게 공약의 구체적인 내용이었습니다. 다른 후보들도 다양한 공약을 통해 국민들의 통신비 부담을 낮추겠다고 했죠. 모든 대통령 후보들이 방법은 다르지만 통신비 부담을 낮추겠다는 공약을 발표한 것은 대다수 국민이 이 공약을 지지할 것이라고 믿었기 때문이겠죠. 하지만 일부에서는 이 공약을 비판하기도 했습니다. 비판하는 사람들은 대통령이나 정부가 시장에서 결정되는 상품의 가격을 올리거나 내리는 데 개입해서는 안 된다는 주장을 폈죠. 라면이나 김밥 가격에 개입해서는 안 되는 것처럼 말이죠. 이에 반해 통신은 일반 상품이 아니라 필수 공공재이기 때문에 정부가 국민의 편에 서서 필요한 합리적 규제를 해야 한다는 입장도 있습니다.

2018년 여름 유례없는 폭염이 오랫동안 계속돼 전력 소비량이 급증하면서 국민들은 전기요금이 크게 오를 것 같다며 걱정했죠. 언론도 연일 '전기요금 폭탄' 운운하면서 관련 기사를 쏟아냈어요. 에어컨을 비롯한 냉방 기구를 하루 종일 가동시켜야 했기 때문이죠. 문재인 대통령은 이 같은 상황에서 전기요금을 내릴 것을 지시한 바 있습니다. 그 결과 국민 부담은 한시적으로 줄어들었죠. 이처럼 대통령 지시나 정부 방침으로 전기요금을 내릴 수 있었던 것은, 전기가 라면이나 김밥 같은 일반 상품과는 다른 공공재였기 때문이죠. 또 국민들에게 전기를 공급하는 한전이 공기업이었기 때문에 가능한 일이기도 했죠. 만약 전력 회사가 통신 회사처럼 민영화되어 있었다면 이런 일은 일어나기 어려웠을 겁니다. 공공재인 전기를 생산하는 전력산업을 민영화하려는 움직임이 있다는 얘기는 앞에서 이야기했습니다. 그렇다면 통신은 공공재일까요? 아닐까요? 이 쟁점은 여전히 찬반이 팽팽히 맞서고 있어요.

대법원은 2018년 4월 판례를 통해 통신 서비스의 성격을 이렇게 규정했습니다. "이동통신 서비스는 전파 및 주파수라는 공적 자원을 이용해 제공되고 국민 전체의 삶과 사회에 중요한 의미를 가지므로 양질의 서비스가 공정하고 합리적인 가격에 제공돼야 할 필요 내지 공익이 인정된다." 대법원은 통신이 공공재 성격을 가지고 있는 서비스라는 것을 인정한 것이죠. 통신회사 설립이 다른 회사와 달리 정부 허가제로 돼 있고 정부의 각종 규제를 받아야 하는 것도 바로 이런 통신 서비스의 공공성 때문입니다.

전파(전자기파)는 빛의 속도로 움직이는 파동입니다. 소리의 파동이 음파인데, 음파는 공기가 있어야 전달되지만 전파는 우주 공간을 자유롭게 통과하죠. 그런데 전파는 고유한 주파수가 있습니다. 우리가 스마트폰으로 문자, 음악, 동영상을 받아볼 수 있고 라디오나 TV를 볼 수 있는 것도 전파가 있기 때문입니다. 그러니까 전파는 문자, 음악, 동영상을 빛의 속도로 실어 나르는 초고속도로라고 보면 됩니다. 그런데 대법원의 판례에서도 알 수 있듯이 전파는 공적 자산, 즉 공공재입니다. 정부는 한정된 국가 자산인 전파를 사용하는 곳에 고유의 주파수를 배당해 주고 사용료를 받습니다. 방송국이나 이동통신 회사가 대표적인 곳이죠.

전기요금은 정부의 인가 사항입니다. 통신요금은 이와 달리 민간 통신회사들이 결정합니다. 그 종류는 수백 가지가 됩니다. 통신요금 역시 전기요금처럼 최종적으로는 정부의 인가를 받아야 됩니다. 다만 이때 인가를 받아야 하는 회사는 모든 통신회사가 아닙니다. 법에 따라 점유율 1위 통신사에만 해당됩니다. 현재 우리나라에는 SK텔레콤, KT, LG유플러스, 이 세 개의 민간 통신회사가 있다는 건 여러분도 잘 알고 있을 겁니다. 무선 이동통신 시장 점유율 1위인 SK텔레콤은 요금 인가제 대상이고 나머지 두 회사는 신고만 하면 됩니다. 하지만 시장을 지배하는 1위 회사 요금이 인가 대상이기 때문에 다른 두 회사도 여기에 영향을 받을 수밖에 없겠죠.

현재 우리나라에서는 통신 요금을 어떻게 결정할 것인가를 놓고 치열한 논쟁이 벌어지고 있습니다. 인가제를 계속 유지해야 한다는 입장과 인가제를 폐지하고 민간 사업자의 자율 경쟁에 맡겨야 한다는 주장이 첨예하게 대립하고 있습니다. 2015년부터 정부가 요금 인가제를 폐지하는 법안을 국회에 제출했지만 통과되지 않았습니다. 2018년에도 인가제 유지냐, 폐지냐를 결정하는 입법을 둘러싼 논쟁이 진행되었죠.

통신은 공공재 성격이 강하므로 정부가 합리적 방안으로 규제와 감독을 해야 하며 통신사의 담합으로 통신비를 높이는 것을 막아야 한다는 주장과, 시장 경쟁에 맡겨 요금도 인하하고 품질도 높여야 한다는 주장은 민영화를 둘러싼 오래된 논쟁입니다. 통신 시장에서도 똑같이 진행되고 있는 셈이죠.

KT의 뿌리를 찾아서

우리나라 3개 통신회사 중 가장 오래된 곳인 KT의 뿌리는 정부입니다. 혹시 체신부라는 이름을 들어 본 적이 있나요? 체신부는 우편, 전기통신, 전파 관리를 주요 업무로 하는 정부 부처로 1948년 대한민국 정부가 수립되면서 태어났습니다. 체신부는 이후 정보통신부, 미래창조과학부로 이름이 바뀌었고 역할도 조금씩 변화가 있었습니다. 현재는 과학기술정보통신부입니다.

1960~70년대 우리나라의 전기와 통신 사정은 지금 여러분은 상상할 수 없을 정도로 열악했어요. 발전소가 많지 않았기 때문에 전기가 부족했습니다. 수시로 정전이 됐고, 아예 전기가 들어오지 않

는 곳도 많았습니다. 당시 사람들이 서로 연락하는 통신 수단은 편지나 전화가 대부분이었죠. 물건을 보낼 경우, 지금은 택배 회사나 우체국에 맡기지만 당시에는 우체국에서 '소포'로 보냈죠. 전화의 경우 지금은 번호만 누르면 전국은 물론 세계 각지와 통화할 수 있습니다. 무료 국제전화를 이용하는 방법도 많습니다. 하지만 그때는 국내 전화도 중간에 교환원들을 연결해야 상대방과 통화할 수 있었죠. 장거리 전화를 할 때는 전화국까지 가서 신청하고 걸어야 했지요. 이마저도 전화 보급률이 낮아서 한 동네에 전화기를 설치한 집은 손에 꼽을 정도였습니다. 전화를 집에 설치하려면 거의 집값에 맞먹는 돈을 내야 했습니다. 지금은 전 국민이 자기 개인 전화를 다 가지고 있지만, 그때는 집에 전화기를 설치하는 것이 '부의 상징'이었어요. 돈이 있어 전화국에 신청을 해도 금방 설치할 수 없었습니다. 보통 몇 달씩 기다려야 했죠.

전화는 정부가 공급하는 공공재이긴 했지만 가난한 나라였던 우리 정부는 인력, 예산, 기술, 장비가 모두 부족해서 공급 능력이 절대적으로 부족했어요. 전화기만 갖다 놓는다고 전화를 설치할 수 있는 것도 아니죠. 중요한 것은 전화선을 까는 것입니다. 전국에 전화망을 설치하는 일은 엄청난 예산과 인력이 요구되는 사업입니다. 정부가 아닌 일반 기업은 이 일을 할 수 없었습니다. 당시는 변변한 기업도 없었어요. 설치에 시간이 걸리고 전화 설치비용이 비쌌던 이유죠.

나라가 가난에서 벗어나기 위해서는 경제가 성장해야 되고, 경제가 성장하려면 전기 등 에너지와 통신 산업의 발전이 반드시 필요합니다. 1980년대 들어서 통신 산업의 확대가 절실해졌고, 미래 정보통신 시대의 기반을 마련하기 위해서도 이 분야에 대한 정부와 민간 부문의 투자가 확대돼야 했습니다. 정부는 발전하는 통신 기술, 늘어나는 통신 수요에 발 빠르게 대응하기 위해 체신부에서 통신 업무를 따로 독립시킬 필요가 있다고 판단했습니다. 1981년 공기업인 한국전기통신공사(한국통신)가 창립된 배경입니다. 한국통신이 창립된 1981년만 해도 전화보급률이 100명 당 8.4대에 불과했습니다. 한국통신은 출범 후 전화 적체를 해소하는 일을 가장 우선시했습니다. 얼마 지나지 않아 전화 적체도 해소됐고, 대부분 가정에서 전화는 필수품이 됐습니다.

1970년대 후반 일본에서 처음 상용화되기 시작한 무선 이동통신 시장은 1990년대 중반부터 급격하게 성장했어요. 이제 곧 제5세대 통신(G5) 시대가 올 예정이지만, 이미 전화기는 스마트폰(똑똑한 전화기)으로 이름을 바꿨고, 단순한 전화통화기가 아니라 세상의 거의 모든 정보를 빛의 속도로 전달해 주는 손바닥 속의 컴퓨터 역할을 하고 있습니다. 지금은 오히려 집 전화가 없는 가구가 늘어나고 있습니다. 개인 무선 이동통신 시대가 온 것이죠. 수도권에는 절반 이상의 가구가 집 전화를 설치하지 않았다고 합니다. 짧은 시간에 정보통신 기술은 혁명적인 성장을 했습니다.

한국통신공사는 출범 21년 만인 2002년 민영화가 됐습니다. 그리고 이때는 이미 민간 통신사인 SK텔레콤과 LG텔레콤(현재 LG유플러스)이 영업을 하기 시작한 때였습니다. 민영화 방법은 정부가 보유하고 있는 주식 모두를 민간에 매각하는 것이었습니다. 민영화된 한국통신이 바로 주식회사KT입니다.

KT 민영화, 성공 vs 실패 논란

이제부터는 이미 완료된 한국통신 민영화를 바라보는 서로 다른 시각에 대해 간단하게 얘기해 보겠습니다. 민영화를 주장하는 사람들은 통신도 다른 산업과 마찬가지로 민간 사기업 간 경쟁을 통해 양질의 서비스와 낮은 가격을 제공할 수 있다고 말합니다. 민영화를 반대하는 쪽에서는 공공의 이익보다 이윤을 최우선 목표로 하는 사기업은 국민들 편에 서서 경영을 하지 않고 주주들의 단기적 이익을 중시하는 경영을 할 것이라고 주장합니다. 통신 발전에 필요한 장기 투자는 소홀히 하게 된다는 것이죠. 노동조합은 이런 이유와 함께, 민영화를 하면 노동자들을 대규모 해고하는 경우가 많기 때문에 반대하죠. 실제로는 어떠했을까요?

한국통신은 2002년 KT로 민영화되면서 2014년까지 세 차례에 걸쳐 무려 2만 명을 명예퇴직 시켰습니다. 2002년 4만3,000명이던 직원 수는 세 차례 구조조정 후 2만3,000명 수준으로 줄었습니다. 거의 반 토막이 난 것이죠. 회사는 비용 절감을 위한 구조조정이라 말하지만 사실상 집단 해고라고 볼 수 있죠. 대부분 민영화는 구조조정이라는 이름의 노동자 해고를 동반합니다.

그런데 사실은 해고된 노동자들의 상당수가 해고 후에도 그 전과 똑같은 일을 하면서 임금은 1/3 수준만 받는 노동자가 됐습니다. 어떻게 그런 일이 생길 수 있냐고요? KT에서 해고된 이후 협력사 소속 비정규직이 됐기 때문이죠. 외주화한 것이죠. 노동 환경은 오히려 더 열악해졌음에도 임금은 1/3로 줄고, 고용은 항상 불안한 상태입니다. 이런 방식으로 비정규직이 많이 생기면 회사는 수익을 더 올릴 수 있죠. 같은 일을 시키면서 외부 하청을 통해 월급을 대폭 삭감했으니 노동자에게 돌아갈 몫이 줄어들 수밖에 없으니까요.

KT는 민영화 이후 매년 적게는 4,000억 원, 많게는 2조 원 가까운 당기 순이익을 냈습니다. 당기 순이익은 특정 기간 동안 기업이 영업 활동을 해서 얻은 총수입에서 모든 지출과 세금을 뺀 이익금입니다. 보통 1년 단위로 계산을 하죠. 경영을 잘 해서 이런 수익을 많이 냈다면 사장이나 회사 노동자들은 칭찬받아 마땅하겠죠. 하지만 많은 노동자를 내쫓은 것도 더 많은 수익을 낸 원인으로 작용했다는 점을 기억할 필요가 있습니다. 쫓겨난 사람들이 나의 부모나 형제, 친척일 수도 있습니다.

그런데 2만여 명의 노동자를 내보낸 회사의 최고경영자(CEO)와 임원들의 연봉은 크게 늘어납니다. 민영화 이전인 2001년 KT의 임원 보수 총액은 14억 원이었는데 2013년에는 65억 원으로 올랐습니다. 460%가 오른 셈이죠. 특히 최고경영자 연봉은 2014년에 약 5억 원, 2015년 약 12억 원, 2016년에는 24억 원 수준이었습니다. 매년 200% 이상 올랐죠. 그런데 이 기간 동안 직원들의 평균 임금 인상률은 4.5% 수준에 불과했답니다. 회장과 임원의 연봉이 올라가는 것 자체를 문제 삼을 수는 없겠죠. 하지만 노동자를 수만 명이나 해고시킨 경영자가 직원들 임금은 4.5% 올리면서 자신들 연봉은 200% 이상 올린다면 문제가 될 수밖에 없습니다.

우리가 주목해 봐야 될 민영화의 결과는 또 있습니다. 민영화 이후 11년 동안 KT의 당기 순이익은 모두 9조 원입니다. 이 가운데 7조 원이 넘는 돈이 배당 등 주주를 위해 사용됐습니다. KT의 주주는 절반 가까이가 외국계 자본입니다. 3조 원에 육박하는 이익금이 외국인에게 빠져나간 것이죠. 일부에서는 이를 두고 국민들의 높은 통신 요금으로 외국인 주머니를 두둑하게 해 준 꼴이라고 비판합니다.

주식회사에서 이익을 남기면 주주들에게 배당금을 지급하는 것은 당연한 일입니다. 하지만 민영화 이후 KT가 보여준 배당 행태를 보면 심각한 문제가 있다는 걸 알 수 있어요. 민영화 이후인 2003년부터 2012년 동안 평균 배당성향은 54.2%였습니다. 배당성향이란 말이 좀 어려운 것 같죠? 알고 보면 그렇게 어려운 말도 아닙니다. 기업의 순이익 가운데 주주에게 배당으로 돌려준 돈의 비율을 말하는 것입니다. 배당성향이 높을 때는 94%였습니다. 이익금의 거의 전부를 주주에게 돌려줬다는 이야기입니다. 공기업 시절 배당 성향 평균은 15.7% 수준이었으니 민영화 이후 3배 이상 높아진 것이죠. 주식 시장에서 주식이 거래되는 모든 상장 회사의 평균 배당 성향은 17.9% 수준입니다.

지난 2017년 통신 3사의 배당성향을 한번 살펴보도록 하죠. 가장 높은 곳이 KT로 51.41%를 기록했습니다. SK텔레콤은 27.16%, LG유플러스는 31.91%였어요. KT가 가장 높았죠. 이렇게 배당성향이 높아지는 동안 통신 발전을 위해 장기적으로 필요한 설비 투자 비율은 민영화 이전 28%에서 이후 15% 수준으로 크게 줄어들었습니다. 매출액 대비 연구개발비 역시 5~6% 수준에서 1~2%로 대폭 줄었죠.

민영화 결과를 요약해 보면, 대규모 노동자 해고, 직원보다 20배 이상 오른 사장의 연봉, 미래를 위한 설비 투자와 연구 개발비 삭감과 이에 따른 통신의 질 저하, 주주 배당금 대폭 상승 등으로 정리할 수 있습니다. 통신사들의 경쟁을 통한 가격 인하는 이뤄지지 않고, 오히려 그들 간의 담합을 통한 고가 전략으로 국민들의 통신비 부담만 커졌다는 비판을 받고 있습니다.

민영화가 되면 서비스 질이 좋아지고, 경쟁의 결과 가격이 떨어진다고 했지만 현실에서는 그런 일이 벌어지지 않았습니다. 오히려 이동통신 3사가 높은 요금을 중심으로 서비스를 제공해서 많은 사람들의 불만을 사고 있는 실정입니다. 이게 민영화가 보여주는 어두운 면입니다. 아, 사장과 임원, 주주들에게는 밝은 면이겠네요.

KT 화재 사건

2018년 11월 24일 오전 6시경 서울 마포구에 있는 KT 아현 지사에 불이 났습니다. 지하에 묻혀 있던 통신선이 불 탄 것이죠. 대형 화재는 아니어서 큰 불길은 3~4시간 지나면서 잡혔고, 다행히 인명 피해도 없었습니다. 하지만 통신망 화재가 가져온 사회적 혼란은 대단히 심각한 수준이었습니다.

화재 사고가 난 이후 며칠 동안 서울과 경기 일부 지역에서는 KT 통신이 두절됐습니다. 휴대전화가 먹통이 되자 거의 이용하지 않아 찾아보기도 어려운 공중전화 부스에 긴 줄이 생겼습니다. 카드 사용도 불가능해 큰 혼잡이 발생했죠. 수많은 식당이나 상점이 카드 결제를 할 수 없어 영업에 큰 손실을 봤으며, 현금을 가지고 있지 않은 개인들은 현금인출기 앞에서 줄을 선 채 오래 기다려야 했습니다. 요즘은 휴대전화, 인터넷, IPTV 등을 결합해서 사용하는 개인이나 가정이 많습니다. KT 결합 상품을 사용하는 사람들은 TV 시청이 안 되는 건 물론, 카드로 물건 구입도 불가능했고, 휴대전화도 불통이 됐습니다.

불편은 개인들의 일상에만 국한되지 않았어요. 인근 지역의 경찰서 112 신고 전화도 한때 먹통이 됐습니다. 경찰의 112 신고 전화가 KT 통신망을 사용하고 있었기 때문입니다. 또 이 지역에 있는 대형 병원 여러 곳에서도 내부 통신이 불통이 됐으며, 인터넷 예약 업무가 불가능했고, 일부에서는 병원비 수납이 안 되는 등 많은 혼란을 겪었죠. 정부 부처인 국방부의 통신선 일부가 한동안 차단되기도 했습니다.

KT 화재는 왜 발생했을까요? 놀랍게도 화재가 난 지 한 달이 넘은 시점에도 그 원인을 밝혀 내지 못했습니다. KT 민영화를 반대해 왔던 쪽에서는 이번 화재의 직접적 원인은 아직 밝혀지지 않았다 해도, 배경이 되는 큰 이유는 민영화 효과라고 주장하고 있습니다. 우리가 이 책에서 살펴본 것처럼 KT가 민영화되면서 2만 명 이상이 해고된 사실도 이번 화재와 무관하지 않다는 것이 이들의 주장이죠. 과거에는 모든 전화국(지금의 KT지사에 해당됨)에 이번에 불이 난 곳(통신구)의 담당자들이 정해져 있었지만 그 직원들이 다 퇴출되었고 일부는 무인으로 운영되기 때문에 화재 예방 활동도, 화재 후 대처도, 제대로 되지 않는다는 주장입니다.

특히 이번 화재로 며칠 동안 통신 상태가 완벽하게 복구되지 않아 여러 가지 심각한 문제가 발생했습니다. 정부는 전국의 주요 통신 시설을 중요도에 따라 A~D등급으로 나눕니다. 그런데 이번에 불이 난 곳이 D등급이었습니다. D등급은 지방의 작은 군이나 구 단위 지역 시설인데, 이번에 화재가 난 지역은 그 기준에 맞지 않는 곳입니다. D등급은 통신 시설이 훼손될 경우 대체(Back-up) 시스템을 갖추지 않아도 되는 곳입니다. 또, 소방 설비나 화재 감시 시스템의 사각지대가 되죠. 하지만 정부도 인정했던 것처럼 이번에 화재가 난 아현 지사는 D등급 지역의 용량을 넘어서는 곳이었습니다. KT 쪽은 대체 시스템을 만들려면 비용이 많이 들어서 힘들다고 이야기했습니다. 바로 앞에서 언급한 것처럼 KT는 민영화 이후 11년 동안 9조 원의 당기 순익을 남기고, 이 중 7조 원 이상을 주주에게 줬습니다. 바로, 통신 이용자의 이익보다 주주의 주머니를 우선하는 민영화의 결과라고 볼 수 있습니다. 영국 철도가 민영화 이후 대형 사고가 많이 난 것도 시설에 대한 투자를 하지 않거나 아주 적게 했기 때문 아닐까요? 물론, 사고의 모든 책임을 민영화로만 돌릴 수는 없을 겁니다. 다른 요인도 있는지 찾아봐야 합니다. 하지만 민영화의 부정적 영향과 이번 사고가 관련이 있는 것만큼은 틀림없어 보입니다. 마지막으로 한마디 덧붙이자면, 아현 지사라는 곳이 D등급을 받기에는 용량이 큰 곳이라는 것도 문제지만 설령 지방의 작은 D등급 지역이라도 사고에 대비한 대체 시스템을 갖추지 않는 것이 당연하게 받아들여지는 것 또한 문제 아닐까요? 돈벌이가 중심인 민영 통신사와 이윤 추구와 공공성 유지를 과제로 하는 공영 통신사의 차이가 여기서 나겠죠.

스마트폰 요금 너무 부담스럽죠?

무선 이동통신 기본요금 11,000원을 내리겠다는 공약을 후보 시절에 발표한 문재인 대통령은 당선 후 이 약속을 지켰을까요? 못 지켰습니다. 문재인 대통령은 당선 직후 공약을 지키는 차원에서 기본요금을 인하하려고 했지만 이동통신 3개 회사의 강력한 반발로 결국 무산됐죠. 통신 요금을 정부에서 인가하는 것은 맞지만, 이미 언급한 대로 무선 이동통신의 경우 업계 1위인 SK텔레콤에만 적용됩니다. 통신사들의 기존 요금을 강제로 올리거나 내릴 법적 근거는 없습니다. 따라서 통신 3사의 반발을 막을 수 있는 방법이 법적으로는 없는 셈이죠.

그럼에도 많은 사람들이 통신비 인하를 주장하는 것은 통신이 공공재 성격을 가지고 있고, 일상생활이나 직장생활 등 사회적 활동을 할 때도 없어서는 안 될 필수품이기 때문입니다. 현재 우리나라 무선 이동통신 가입자 수는 2017년 기준으로 6,300만 명을 넘었습니다. 전체 인구가 5,100만 명 수준이니까 전 국민이 1대 이상 휴대폰을 가지고 있는 셈입니다. 또한 이동전화는 개인적 용도는 물론이고 방금 말한 것처럼 업무에도 사용되는 필수 장비가 됐습니다. 뿐만 아니라, 국가가 지진이나 이상 기후 등 비상사태를 알려주는 '긴급재난문자'도 이것을 통해 전달합니다. 이런 기능을 가진 통신비 결정을 시장에만 맡겨 놓으라는 주장은 설득력이 떨어질 수밖에 없습니다. 오히려 인터넷 접속이 국민의 기본권으로 보장돼야 한다는 목소리가 휴대폰 6,000만 대 시대에 적합한 주장 아닐까요?

대부분의 국민은 물가가 오르는 것을 반기지 않습니다. 물론 물가가 오르면 유리한 사람도 있지요. 라면이나 운동화 가격이나 PC방 사용료가 오를 경우 소비자는 이를 좋아하지는 않지만, 그렇다고 정부나 국회를 향해 법을 만들어서 라면이나 운동화 가격을 통제하라고 말하지 않습니다. 공공재 성격을 띤 상품이 아니기 때문입니다. 그런 일은 전시에나 가능한 일입니다.

하지만 시민단체나 소비자단체 등은 특정한 상품에 대해서는 공공의 이익을 앞세워 가격이나 요금 인하를 요구합니다. 대학 등록금을 반값으로 내리라는 운동이 대표적이죠. 지난 2017년 대통령 선거에서 후보로 나온 사람들은 대부분 대학 등록금 부담을 줄이기 위한 공약을 내세웠죠. 비단 대학 등록금뿐만 아닙니다. 주거비나 임대료의 경우도 인상률을 법으로 정해 제한을 두자는 운동을 하고, 국회에서는 이런 움직임에 부응해 법을 만들기도 합니다.

건물 주인이 가게를 빌려줄 때 세입자와 맺는 계약을 임대차 계약이라고 합니다. 우리나라에는 '상가임대차보호법'이 있습니다. 이 법에 따르면 한 번 계약을 맺으면 세입자가 10년 동안은 장사를 할 수 있게 보장되어 있습니다. 그리고 임대료는 1년에 5% 이상 올릴 수 없게 되어 있죠. 이처럼 등록금이나 임대료 같은 것은 정부가 정책이나 법률로 통제를 하고 있습니다. 청소년 독자들이 즐겨 찾는 PC방의 주인도 상가임대차보호법의 적용을 받습니다.

병원비나 약값의 경우도 의사나 약사들이 일방적으로 정할 수 없습니다. 전기료나 대중교통비도 마찬가지죠. 이처럼 공공재 성격을 가진 상품의 가격은 시장에만 맡겨 놓지 않습니다. 정부의 규제가 필요한 상품들이기 때문입니다. 결국 통신요금 인가제를 유지할 것인가, 폐지할 것인가의 논쟁은 가격 결정을 정부가 규제할 것인가, 시장에 맡길 것인가를 둘러싼 논쟁인 것입니다.

사람은 최저임금제, 통신은 최저요금제?

문재인 정부는 기본요금 폐지라는 공약을 지키지 못하게 되자 법으로 '보편요금제'를 만들어서 실시하겠다는 대안을 내놓았습니다. 시장에만 맡겨 놓지 않겠다는 입장인 것이죠.

우선 보편요금제가 뭔지 알아볼까요? 보편요금제는 한 달에 요금 2만 원이면 기존 데이터 최저요금제보다 많은 음성통화 200분과 데이터 1기가바이트(GB)를 사용할 수 있는 서비스입니다. 물론, 1기가바이트로는 부족하다는 의견도 있죠. 정부가 내놓은 보편요금제에 따르면 정부는 2년마다 보편요금제의 데이터와 음성통화 제공량과 요금 수준을 결정할 수 있습니다. 정부가 통신사들이나 일부 언론의 강한 반발에도 불구하고 보편요금제를 법으로 강제하려는 이유는 무엇일까요?

애초에 시장 경제와 경쟁의 이점을 주장하던 사람들은 민간 통신사들의 경쟁을 통해 통신비가 저렴해지고 서비스가 더 나아질 것이라고 주장했다는 사실을 앞에서 여러 번 반복해서 말했습니다. 통신 서비스는 경쟁적 기술 개발을 통해 더 나아진 측면이 있습니다. 하지만 통신비 인하는 이뤄지지 않았습니다. 통신 3사는 경쟁을 통해 가격을 인하하기보다 '담합'을 통해 비싼 요금제 상품을 주로 공급했습니다. 높은 가격대의 상품만 시장에 내놓고 있는 것이죠. 그 결과 통신사들은 매년 1조 원이 넘는 막대한 이익을 내고 있습니다. 통신사들은 사실상 정부에 의해 공식적으로 특혜를 인가받은 회사이기 때문에 이런 막대한 규모의 이익을 지속적으로 실현할 수 있는 것입니다. 시민단체가 정부 조직인 공정거래위원회에 통신 3사가 가격 담합을 했다며 조사해 달라고 요구한 것도 통신사들의 이런 행태 때문이죠.

문재인 정부는 통신 3사가 비싼 요금제 가입자 위주로만 경쟁하고, 경쟁을 통한 통신비 인하 효과가 나타나지 않는데다가 기본요금 폐지마저 무산되자 보편요금제 도입을 법으로 강제하려는 것이죠. 정부의 이런 조치는 통신이 공공재 성격을 가지고 있다는 철학에 따른 것입니다. 정부가 최저임금제를 도입해 임금의 최소 수준을 정하는 것과 유사한 정책이죠. 그러니까 일종의 통신 최저요금제라고 할 수 있을 것입니다. 정부는 보편요금제 도입을 명문화한 개정 법안을 2018년 6월 국회에 제출했어요. 하지만 뜨거운 논쟁과 첨예한 의견 대립에도 불구하고 다른 사안들에 밀려 국회에서 논의되지 못했습니다.

아마 청소년 독자들 중에도 스마트폰을 사용하는 사람이 많기 때문에 통신비에 대해 많은 관심을 가질 것입니다. 부모님이 대신 내 준다 해도 마찬가지죠. 어떤 정당이 찬성하고 어떤 정당이 반대하는지, 어느 국회의원이 찬성하고 어느 국회의원이 반대하는지 잘 지켜보세요. 나중에 투표권이 생겨서 후보나 정당 선택 투표를 할 때 이를 참고해서 선택하면 좋을 것 같네요.

아직 보편요금제가 도입되기도 전인데 정부의 발표만으로 기존 통신사들은 낮은 가격대 상품을 소비자 앞에 내놓고 있습니다. 하지만 이때 통신사가 내놓는 저가 서비스는 정부의 보편요금제 도입을 막기 위한 수단에 불과하다는 비판도 있습니다. 어쨌든 통신사들이 낮은 요금제를 시장에 내놓은 것이 민간 통신사들의 경쟁 때문이 아니라 정부의 정책에 따른 것이라는 점은 분명한 것 같네요.

05 이권인가? 인권인가?

상하수도 정부, 야금야금 민영화 진행 중

2050년 7월. 한반도에 장마철이 없어진 지 오래다. 비는 찔끔찔끔 감질나게 내리고 찌는 듯한 무더위는 약한 실내 에어컨으로 감당하기엔 어림없다. 저녁 식사를 하면서 은수 아빠는 벽걸이 TV가 전해주는 뉴스에서 눈을 떼지 못한다. 화면에서는 기자가 물 가격 인상 관련 리포트를 하는 중이다.

< 전 세계적으로 민물의 양이 급격하게 줄어들고 있는 가운데, 우리나라도 서울 등 대도시를 중심으로 민물의 양과 강우량이 함께 감소하는 현상이 몇 년에 걸쳐 장기간 이어지고 있습니다. 물 공급회사인 주식회사블루골드는 오늘, 8월부터 물 값을 올릴 예정이라고 발표했습니다. 블루골드 측은 "지하수를 끌어올리려면 더 깊은 곳까지 파야 하는데 이에 따른 굴착 비용 증가가 가격 인상 요인"이라고 말했습니다. 정부는 블루골드의 이 같은 물 값 인상 방침에 대해 "생활용 물 수요가 공급을 훨씬 초과하는 상황을 벗어나려면 가격을 올려 수요를 감소시킬 필요가 있다"며 이번 인상 방침을 받아들이겠다는 입장을 밝혔습니다. >

은수 엄마가 수심 가득 찬 얼굴로 말했다. "이번 달 물 값도 너무 많이 나왔어. 물 헤프게 사용하지 마. 식사 다 하고 나서 물은 조금만 마시고. 물 값이 기름 값보다 세 배 이상 비싸다니. 아, 물을 콸콸 맘껏 마시던 옛날이 그립구나." 항상 하는 엄마의 잔소리다. 아빠도 한마디 거든다. "나쁜 놈들, 매번 물 값만 올릴 줄 알았지, 수질 개선할 생각은 않고. 그저 돈독들만 올라서…." 은일이가 말했다. "엄마 아빠 어렸을 때는 식당에서 돈을 안 받고 물을 줬다면서요?"

· · ·

'물 시장은 노다지'…눈독 들이는 대기업

위 이야기는 가상의 사례입니다. 그래도 너무 과장된 것 아니냐고요? 그렇게 생각할 수도 있습니다. 그런데 지금 현재 눈앞에서 진행되고 있는 사태가 개선되지 않고 더 나쁜 쪽으로만 가면 이와 비슷한 일이 수십 년 후 발생하지 않을 것이라고 장담하기도 어려운 것이 사실입니다.

눈앞의 현실을 짚어보기 전에 잠깐 '물'을 보는 우리의 시각을 정리하고 넘어가는 게 좋을 것 같네요. 물을 시장에서 거래되는 상품으로 볼 것인가, 모든 인간이 사는 동안 부족함 없이 소비해야 하는 기본 권리로 볼 것인가, 이 차이가 '물 사유화, 물 기업의 민영화를 어떻게 볼 것인가' 하는 문제를 보는 시각의 차이로 이어집니다.

물은 인간의 기본 권리라고 믿는 사람들은 민영화를 반대하겠죠. 이들은 말합니다.

"물은 신이 준 선물이지 상품이 아니다."
"물은 생명이다."
"물은 이권이 아니라 인권이다."

물이 생명이라는 주장은 사실입니다. 우리 몸의 70%는 수분, 즉 물입니다. 식물이 물이 부족하면 시드는 것처럼 우리 몸도 물이 부족하면 세포가 시들 수밖에 없습니다. 수돗물을 정수하고 수도관을 설치·관리하는 데 드는 비용 등을 감안하여 최소한의 비용을 소비자가 부담하는 선에서 누구도 물을 마실 수 있는 권리에서 배제되면 안 된다고 이들은 말합니다. 물이 상품이 되면 가난한 사람들은 깨끗한 수돗물을 이용하기 어렵게 될 수도 있습니다. 사실 생수 시장은 완전 민간 사기업 중심이기 때문에 먹는 물 산업은 이미 사기업의 경쟁이 치열한 시장이 됐습니다.

물을 상품으로 만들어야 된다는 주장은 주로 기업에서 나오는 말입니다. 특히 세계적인 거대 물 업체와 이들과 이해관계를 같이하는 사람들이 주장하고 있습니다. 이들은 이렇게 말합니다. "주식 시장에서 안전한 투자처를 찾는다면, 즉 세기가 바뀌어도 꾸준하고 지속적인 수익이 보장되는 곳을 찾는다면 물로 눈길을 돌려라." 대표적인 물 사업 대기업인 수에즈의 최고경영자(CEO)는 이런 말을 했습니다. "국제적 사업으로서 가격과 거래량이 좀처럼 내려가지 않는 분야가 물 사업 이외에 또 어디 있겠는가?" 이들에게 물은 노다지를 캘 수 있는 산업에 불과합니다. 생명이 아니라 이윤 확보를 보장해 주는 금맥인 셈이죠.

물을 상품으로 볼 경우, 물 산업에 뛰어든(위에서 가상 사례로 든) 주식회사블루골드는 엄청난 돈을 벌 기회를 잡을 수 있습니다. 천문학적 규모의 이윤을 가져다 줄, 놓칠 수 없는 상품. 이것이 그들에게 물의 의미입니다. 또 독점적으로 공급할 수 있는 위치에 있기 때문에 손쉽게 물 값을 올릴 수 있습니다. 단 한 명의 예외도 없이 세상의 모든 사람은 물 소비자입니다. 물의 질과 판매 가격의 결정이 사기업의 이윤 논리에 따라 결정되면 소비자인 모든 사람은 심각한 위협에 놓이게 될 가능성이 아주 높습니다. 물론 지금도 우리는 수돗물을 사용한 대가를 지불합니다. 하지만 우리는 그것을 '가격'이라고 하지 않고 '요금'이라고 하지요. 우리나라는 상하수도 경우, 지방자치단체에서 '조례'를 통해 요금을 결정합니다. 조례는 지역 주민의 투표로 선출된 지방의회 의원들이 표결로 정하는 일종의 법규입니다. 이윤 추구를 최대 목표로 하는 사기업의 경영진이 결정하는 것이 아니죠. 왜 그럴까요? 물이라는 재화가 갖는 공공적 성격 때문입니다. 그런데 민영화를 주장하는 사람들은 이런 생각에 동의하지 않습니다. 이제 구체적으로 물 민영화의 실상을 한번 알아볼까요?

블랙골드(Black Gold)와 블루골드(Blue Gold)

위 가상 사례에서 우리는 물 회사 이름을 블루골드라고 했습니다. 블루골드는 '파란 황금'이라는 뜻이죠. 파란 색깔은 물을 상징하고 황금은 상품으로서 물의 가치가 점점 커진다는 것을 의미합니다. 블랙골드는 '검은 황금'이라는 뜻인데, 블랙은 원유의 색을 이르는 말이죠. 원유가 돈을 벌어들이는 아주 귀한 상품이라서 붙여진 이름입니다.

세계적인 경제지 <포춘>은 우리가 사는 21세기에는 물 산업이 석유 산업을 앞지를 것으로 전망했습니다. 세계은행은 20세기의 전쟁이 석유 때문에 터진 것이라면 21세기에는 물을 둘러싼 전쟁이 발발할 것으로 예상했습니다.

세계 물 시장은 엄청난 규모로 커 가고 있습니다. 공공재인 물이 빠른 속도로 상품으로 전환되고 있다는 뜻입니다. 영국 물 전문 조사기관에 따르면 세계 물 시장 규모는 2016년 약 736조 원에서 2025년 1,084조 원으로 급증할 것이라고 합니다. 10개 정도 회사가 이처럼 거대한 물 시장을 점령하고 있습니다. 이 중에서도 1위와 2위를 차지하는 기업은 비방디유니버설과 수에즈로, 두 곳 모두 프랑스 회사입니다. 이 두 회사가 전 세계 물 시장의 70~75%를 독점적으로 장악하고 있고 나머지는 미국, 영국, 독일 회사들입니다.

실패로 끝난 물 민영화 사례

물 민영화 또는 상하수도 민영화 사례로 언급되는 대표적인 것이 남미 아르헨티나의 경우입니다. 아르헨티나는 1993년 수도인 부에노스아이레스 지역의 상하수도를 민영화했습니다. 역대 가장 큰 물 민영화 시장으로 평가되는 사업입니다. 세계적 물 사업자인 수에즈가 중심이 돼 프랑스, 영국, 스페인의 물 관련 기업들이 공동으로 만든 회사인 아구아스아르헨티나가 물 사업권을 넘겨받은 것이죠. '아구아스(aguas)'는 스페인어로 '물'이라는 뜻입니다. 계약 기간은 30년이었습니다. 우리나라라면 서울시의 수도 공급을 외국의 민간 대기업에게 넘긴 셈이죠. 그 전까지는 국영 회사가 상하수도 공급과 처리를 담당했어요. 우리는 앞에서 국영기업이나 공기업이 무조건 좋은 것은 아니며, 부정부패 등으로 방만하거나 무책임하게 경영하면 그 부작용이 국민 전체에 영향을 끼친다는 것을 지적한 바 있습니다. 특히 국민 생활과 직결된 수도 사업의 경우 더 그렇습니다. 물론 이런 문제점이나 부작용을 민영화라는 방식으로 해결하려는 것은 더 위험한 방법일 수 있습니다.

아르헨티나는 정치적으로 불안정한 나라였습니다. 수십 년 동안 군사 쿠데타가 끊이지 않았죠. 쿠데타로 잡은 권력은 오래가지 못했습니다. 부정부패도 심했죠. 정부가 제 기능을 발휘할 수 없었습니다. 상하수도처럼 국민 필수 공공재의 공급도 원활하지 못했습니다. 정부가 맑은 물을 국민에게 공급하기 위해서는 지속적인 투자가 필요합니다. 하지만 경제적 어려움을 겪고 있던 정부는 이 분야에 돈을 쓰지 않았습니다. 낡은 수도관을 교체할 수도 없었죠. 각 가정으로 전달되는 과정에서 수돗물이 많이 새나갈 수밖에 없었고, 수질도 좋지 않았어요. 당시 부에노스아이레스의 수도관은 너무 낡아서 중간에 새나가는 물의 비율, 즉 누수율이 50% 수준에 다다를 지경이었죠. 수돗물 공급이 중단되는 '단수 조치'가 시도 때도 없이 내려졌어요. 마침 당시 대통령이던 카를로스 메넴은 전기, 철도, 수도, 석유, 항공 등 주요 국영기업의 민영화를 추진하던 중이었습니다.

물 민영화를 주장한 사람들의 논리는 비효율적인 국영기업 대신 사기업이 물 사업을 하게 되면 효율적인 경영으로 물 값도 떨어지고, 가난한 정부 대신 돈 많은 대기업이 투자를 늘려서 시설을 보강해 더 많은 사람에게 수돗물을 공급할 수 있다는 것이었죠. 실제로 이곳에서는 민영화 초기에는 수돗물 가격도 내렸고, 물을 공급 받는 사람도 늘어났습니다. 하지만 초기에 수돗물 가격을 내린 것은 입찰에 성공하기 위한 눈가림이었습니다. 민영화 이후 물 사업 회사가 여러 차례에 걸쳐 수돗물 가격을 올린 사실을 보면 알 수 있습니다. 민영화 전후로 상수도 요금은 140% 인상됐습니다. 수돗물 공급을 받는 사람 수가 늘어나긴 했으나 이 역시 이윤을 위한 고객 확보라는 기업 활동 차원이었죠. 이 회사는 저소득층이 많이 사는 곳에는 수돗물 공급 확대에 속도를 내지 않았습니다. 물을 상품으로 보는 사업자들 입장에서는 비용 지불 능력이 낮은 곳에 공급을 하지 않는 것이 당연한 조치겠지만, 물을 기본권으로 보는 철학을 가진 사람들에게는 용납하기 어려운 반인간적 행태로 보이죠. 치료비를 낼 수 없는 가난한 사람에게 치료를 거부하는 병원처럼 말입니다.

민영화 이후 드러난 문제점 중 하나는 이 회사가 상수도보다 돈이 더 많이 들어가는 하수 시설 확장과 정화 사업에는 투자를 적게 했다는 사실입니다. 아구아스아르헨티나는 하수 처리 시설에 투자하겠다는 돈을 처음 약속한 금액의 20% 정도밖에 집행하지 않았습니다. 하수 처리 시설을 만드는 데 들어가는 돈은 상수도 공급 시설에 들어가는 돈의 2배나 됩니다. 하수 처리에 투자를 적게 했다는 것은 정화되지 않은 오염된 물을 그냥 강으로 흘려보냈다는 뜻입니다. 당시 부에노스아이레스를 흐르는 라플라타 강으로 오염된 하수가 마구 쏟아졌습니다. 서울의 하수 시설이 낡아서 오염된 물을 한강에 그대로 방류하는 것과 같습니다. 당시 아르헨티나 감사원의 조사에 따르면 하수 중 정화 처리를 한 것은 불과 12%밖에 안 된 것으로 나타났습니다. 화장실 갈 때 마음과 올 때 마음 다르다고, 사업권을 따내기 위한 계약 내용과 사업권을 딴 이후의 행태가 너무도 달랐죠. 이 때문에 라플라타 강의 오염이 심해지고 시민들은 위험한 환경에 노출됐습니다.

문제는 이런 일이 예외적으로 생기는 것이 아니라, 이윤 추구를 최우선으로 하는 민영화된 회사에서는 항상 일어나는 일이라는 것입니다. 정부의 부분적인 통제 아래 있지만, 통상 거대한 공룡 기업인 물 회사들은 정부의 말을 잘 듣지 않습니다. 이들은 공익이 아니라 최소 비용으로 최대 이윤을 내는 사기업의 이윤 논리로 무장돼 있기 때문이죠.

문제는 또 있습니다. 민영화되면서 이 회사가 가장 먼저 한 일 가운데 하나는 일하는 사람들을 쫓아내는 것이었습니다. 7,600명이었던 직원을 4,000명으로 줄였습니다. 3,600명을 해고한 셈이죠. 우리나라 KT가 민영화되면서 노동자들을 대량 해고한 것과 같습니다. 회사는 이를 구조조정, 비용 절감이라고 이야기하지만 일하는 사람들 입장에서는 하루아침에 해고라는 날벼락을 맞게 된 것입니다. 이 회사는 이처럼 대규모 해고로 비용을 크게 절감했지만 수돗물 가격은 인상했습니다. 아구아스아르헨티나는 이런 와중에 연평균 20% 넘는 순익을 냈고, 경영진들의 연봉은 하늘 높은 줄 모르고 올라갔습니다.

이처럼 물 사업 회사가 당초 계약 때 한 약속과 달리 수도 요금은 올리고 시설 투자는 제대로 하지 않으면서 사람은 해고하고, 더불어 강의 오염이 심해지자 아르헨티나 국민들의 불만이 터져 나오기 시작했습니다.

결국 아르헨티나 정부는 2003년 공공 부문 민영화 전면 재검토를 선언했지요. 이후 2006년 3월 아구아스아르헨티나와의 계약을 파기하고 물 산업을 다시 국영화했습니다. 아르헨티나 정부가 밝힌 내용에 따르면 1993년 민영화 이후 다시 국영화로 돌아간 2006년까지 아구아스아르헨티나 쪽이 계약서 내용 가운데 실제 이행한 비율은 10% 수준이었다고 합니다. 계약 내용의 대부분을 지키지 않았다는 뜻입니다.

물 민영화 움직임은 전 세계 곳곳에서 진행되고 있습니다. 민영화 세력과 이에 반대하는 세력의 투쟁과 갈등도 자주 발생합니다. 아르헨티나의 이야기만은 아니라는 말이죠.

선진국이라 불리는 미국에서도 이런 일은 일어났습니다. 미국 조지아 주 주도인 애틀랜타 시는 지난 1997년 미국 역사상 가장 큰 규모의 물 사업 민영화 계약을 맺었습니다. 시가 계약을 맺은 회사는 거대 물 기업인 수에즈의 자회사였어요. 수에즈 쪽에서는 20년 동안 물 공급을 보장하고 수질도 개선하겠다고 약속했습니다. 계약금은 4억2,800만 달러였고요. 이 회사는 1999년 1월 애틀랜타 상수도 사업을 공식적으로 인수했습니다. 하지만 4년 후 애틀랜타 시 당국은 회사와 맺은 계약을 종료시켰습니다. 당초 계약 내용을 이행하지 않았을 뿐더러 심각한 문제들이 발생했기 때문이죠.

민영화 체제가 출범한 후 회사가 가장 먼저 한 일은 역시 대규모 노동자 해고였습니다. 700명의 노동자 중 절반 이상을 내보내고 300명 남짓한 인원만 계속 고용하겠다고 밝힌 것이죠. 회사 쪽에서는 비용이 절감됐다고 홍보했지만 수질이 급속히 나빠지거나 수돗물이 끊기는 일들이 생기기 시작했습니다. '불량 상품'이 나오기 시작한 것입니다. 낡은 수도관을 타고 갈색 찌꺼기가 수도꼭지를 통해 나오는가 하면, 수도관 파열 현상도 자주 발생했습니다. 수도관이 파손돼도 즉각적인 수리가 되지 않았습니다. 심지어는 두 달이 지나서야 파손된 수도관이 복구된 경우도 있었죠. 회사 측에서는 시설 투자는 하지 않고 허위 자료까지 만들어 시 당국에 추가적인 자금 지원을 수시로 요청했어요. 결국 시민들이 부담하는 비용이 매년 12%씩 인상됐습니다. 이런 어이없는 일이 지속적으로 벌어지자 애틀랜타 시는 20년 계약을 4년 만에 종료할 수밖에 없었던 것이죠. 민영화를 찬성하는 정당인 미국 공화당 출신의 시 의원은 이렇게 얘기했습니다.

"나는 보수주의자다. 한때는 민영화 제단에 기도를 드렸지만 더 이상은 아니다. 우리는 민영화에 신중하게 접근해야 한다."

영국 잉글랜드 지역의 경우 민영화 이후 1989년에서 1995년까지 수도 요금이 106% 올랐고, 기업 이윤은 692%나 급증했습니다. 가격이 이렇게 폭등하자 물 공급을 받지 못하게 된 사람이 50%나 증가했어요. 비싸서 물을 사 마시지 못하게 된 사람이 크게 늘어났다는 이야기이죠. 영국 환경청은 환경을 심각하게 훼손시키는 기업이 주로 물 관련 회사라고 밝히기도 했습니다. 1989년부터 1997년까지 영국의 물 관련 기업들은 유독 물질과 폐수 불법 방류 같은 다양한 법률 위반 혐의로 128차례나 검찰에 기소됐죠.

민영 회사의 놀라운 횡포

이번에는 민영화와 이에 맞선 사람들의 반대 투쟁으로 널리 알려진 사례 하나만 더 살펴보겠습니다. 물 민영화에 맞선 가장 격렬한 투쟁으로 꼽히고 있는, 남미 볼리비아의 코차밤바라는 도시에서 일어난 일입니다.

볼리비아는 가난한 나라입니다. 게다가 부의 불평등이 심한 나라이기도 하죠. 코차밤바는 기후도 좋고 쾌적하고 경관이 빼어난 곳으로 소문난 도시입니다. 다만 한 가지, 치명적인 취약점이 있었죠. 바로 물이 부족하다는 것이었습니다.

1980년대 이후 세계적 현상으로 진행되던 민영화 바람은 이곳까지 불어왔습니다. 국영 광산, 철도, 항공, 통신 산업이 민영화됐습니다. 물 산업도 예외가 아니었죠. 볼리비아 정부나 코차밤바 시 당국은 물 부족을 해결하기 위해 투자를 해야 했지만 재정이 취약했습니다. 상하수도 사업은 초기 투자액이 엄청나게 들어갑니다. 돈이 없으면 외부에서 빌려 와야 하는데, 돈을 빌려 주는 쪽에서는 뭔가 바라는 것이 있겠죠? 높은 이자를 바랄 수도 있고, 다른 요구를 할 수도 있어요.

세계은행(World Bank)이라고 들어봤나요? 제2차 세계대전이 끝난 해인 1945년에 세워진 국제기구입니다. 이때는 이름이 국제부흥개발은행(IBRD)이었습니다. 세계은행은 전후 피해 복구와 가난한 나라들의 개발을 위해 자본주의 진영의 선진국들이 좋은 조건으로 돈을 빌려주는 역할을 한 은행이죠. 좋은 조건이란 '낮은 금리의 장기 대출'을 말하는 것입니다. 그런데 세계은행은 초기의 빈곤국을 위한 국제 금융기관의 역할을 버리고 다른 기능을 수행하게 됩니다. 세계은행은 국제통화기금(IMF)과 함께 신자유주의 정책을 전 세계에 퍼뜨리는 전도사 역할을 했습니다. 신자유주의 정책의 중요한 내용 가운데 하나가 민영화입니다. 세계은행이나 IMF는 돈이 필요한 국가에 돈을 빌려 주는 대신 해당 국가의 주요 산업을 민영화하라고 강요했죠. 위에서 예를 든 아르헨티나 부에노스아이레스의 물 민영화 경우도 사실 그런 배경이 있었습니다. 1997년 IMF 구제 금융을 받은 우리나라 역시 예외가 아니었죠.

가난한 나라 볼리비아도 세계은행에 적지 않은 빚을 지고 있었죠. 물 산업 민영화가 되기 1년 전인 1998년 세계은행은 물 부족을 해결하기 위해 필요한 2,500만 달러를 볼리비아에 빌려주기로 했습니다. 물 산업 민영화를 하지 않으면 그 돈을 빌려주지 않겠다고 협박했죠. 볼리비아 당국은 미국의 물 산업 대기업인 벡텔을 중심으로 스페인과 볼리비아 기업으로 구성된 민간 회사에 물 사업을 넘겼습니다. 1999년부터 2039년까지 40년 동안 유효한 계약이었습니다. 계약서에는 이 회사에게 독점 사업권을 주는 것은 물론, 일정한 이윤을 확보할 수 있도록 정부가 보장해 주는 내용도 포함돼 있었죠. 이 사업자는 적자를 볼 일이 없는 것이죠. 만약 적자가 나면 볼리비아 국민의 세금으로 보전해 주고 또 일정 비율의 이윤을 책임져 주기 때문이죠.

볼리비아 정부는 더 나아가 민영화 직후, 사업권을 따낸 회사를 위한 법률을 제정합니다. 이 법에 따르면 모든 물에 대한 소유권은 민영화된 회사에 있었어요. 시냇물과 강물을 개인이 함부로 쓰지 못하게 하고, 심지어는 빗물을 모으는 것도 금지했습니다. 각 마을에 있는 공동 우물의 사용도 막았죠. 자기 집 마당에 우물을 파고 물을 퍼 써도 불법입니다. 요금을 못 내는 가정과 농지에 단수 조치가 이뤄졌죠. 볼리비아 정부는 자기 나라 국민보다 국제적인 물 사업 대기업의 이익을 위해 총대를 멘 것입니다.

이 회사는 민영화 직후인 2000년 1월, 수도 요금을 평균 35%나 올렸습니다. 어떤 곳은 300%까지 오르기도 했어요. 당시 코차밤바 시의 최저임금이 한 달에 100달러 미만이었는데 수도 요금이 한 달에 20달러나 됐습니다. 물 값이 금값이 됐죠. 분노한 시민 수만 명이 거리로 뛰쳐나왔고 시청을 점거했습니다. 도시가 4일 동안 마비됐습니다. 이후에도 일반 시민과 노동조합 조합원, 농민, 대학생 등이 연대해서 물 민영화 반대 싸움을 진행했습니다. 2000년 1월에 시작된 국민들의 저항은 4월까지 계속됐고 그 동안 정부는 계엄령을 선포했어요. 시위 과정에서 총에 맞고 시위대가 사망하는 비극까지 발생했습니다.

볼리비아의 도시 코차밤바의 물 민영화 반대 투쟁이 격렬하게 오랫동안 지속되면서 세계적인 주목을 받았습니다. 국제 연대도 이뤄졌죠. 결국 2000년 4월 볼리비아 정부는 손을 들었고 벡텔은 쫓겨났습니다. 이는 물 민영화 반대 투쟁의 성공적 사례로 꼽히고 있습니다. 코차밤바의 물 민영화 반대 투쟁에 앞장서서 세계적으로 널리 알려진 오스카르 올리베라라는 사람이 있습니다. 이 사람은 나중에 세계은행 건물이 있는 미국 수도 워싱턴에 갔습니다. 올리베라가 세계은행 대표를 만나서 꼭 하고 싶었던 이야기가 있었다고 합니다. "워싱턴에 거주하는 잘사는 사람들은 가구당 한 달에 17달러씩 수도 요금을 낸다. 그런데 왜 코차밤바의 가난한 사람들에게는 20~30달러를 받아가야 했나?" 하지만 세계은행 대표는 그를 만나 주지 않았습니다.

우리나라의 경우

여러분, 혹시 '냄비 속 개구리'의 얘기를 들어봤나요? 차가운 물이 있는 냄비에 개구리가 있습니다. 천천히, 아주 천천히 물을 데우면 개구리는 물 온도가 뜨거워지는 것을 감지하지 못하고 결국 냄비 밖으로 탈출하지 못한 채 죽는다는 얘기입니다. 실제로 그럴까요? 별의별 것을 다 궁금해 하는 과학자들이 가만히 있을 리 없죠. 1872년 미국의 과학자 하인즈만이 실험을 했습니다. 섭씨 21도의 물을 90분 동안 서서히 가열해 37.5도까지 올렸습니다. 90분 동안 개구리는 바깥으로 튀어나오지 못하고 그냥 죽고 말았습니다. 물 온도가 아주 천천히 조금씩 올라갔기 때문이기도 하겠지만, 개구리가 변온(찬피)동물이라 체온 조절 능력이 없고 바깥 온도에 따라 체온이 변하는 동물이라서 그런 건 아닐까요?

이와 비슷한 의미를 가진 구절이 있습니다. '살라미 전술'이라고 하지요. 살라미는 얇게 썬, 소금에 절인 고기라는 뜻입니다. 협상을 할 때 최종 목표까지 도달하는 과정을 아주 얇게 썰어서 단계별로 접근한다는 뜻이죠. 개구리가 어느덧 죽어버리듯, 상대방이 모르는 사이에 자신의 목표를 달성하는 전술이라고나 할까요?

우리나라의 경우 상하수도 사업은 국가나 지방자치단체, 수자원공사만 할 수 있도록 법에 정해져 있습니다. 하지만 단서 조항에, 필요에 따라 민간에게 대신 맡길 수 있다고 돼 있죠. 이를 위탁 경영이라고 합니다. 민영화를 막기 위해 앞문은 닫았는데 뒷문을 살짝열어 놓은 셈이죠. 해수면보다 낮은 곳에 있는 나라 네덜란드는 물의 중요성을 어느 나라보다 일찍부터 알았기 때문에 물 민영화를 법으로 금지했습니다. 우루과이 같은 나라는 민영화의 나쁜 사례를 겪은 후 헌법에 물 민영화 금지 조항을 넣기도 했죠. 물 민영화에 대해서는 앞뒤 문을 꽉 걸어 잠근 거죠.

우리나라의 어떤 대통령도 물을 민영화하겠다고 얘기하지는 않았습니다. 하지만 '물 산업 육성 정책'을 펼쳐나가겠다는 이야기는 여러 대통령이 했죠. 민영화를 반대하는 쪽에서는 물 산업 육성 정책이 사실은 민영화로 가는 살라미 전술이라며 의심합니다. 정부에서는 아니라고 하지만 어느 순간 보면 민영화가 돼 있을 것이라며 걱정합니다. 마치 개구리가 냄비 속에서 죽어가는 것처럼 말이죠. 현재 우리나라에서 물 민영화를 둘러싸고 진행되는 논쟁은 바로 여기서 부딪치고 있어요. 앞에서 사례를 든 도시처럼 무모하게 민영화 사업을 밀어붙이지 않았기 때문에 격렬한 반대 운동도 없었습니다. 하지만 민영화를 위한 움직임이 없었던 것은 아닙니다.

2006년은 노무현 대통령, 2010년은 이명박 대통령, 2016년은 박근혜 대통령 시절입니다. 이 세 해에 거의 같은 제목의 정부 정책이 발표됩니다. 2006년 10월 '물 산업 육성 전략', 2010년 10월 '물 산업 육성 전략', 2016년 11월 '스마트 물 산업 육성 전략'이 그것이죠. 박근혜 대통령 때 나온 정책은 촛불이 광화문에서 한창 타오를 때였습니다. 사실상 세 번의 정권 모두 같은 제목의 정책을 발표한 것입니다.

시민사회나 노동조합 등은 물을 육성해야 할 산업으로 바라보는 것 자체가 민영화의 전 단계일 수밖에 없다는 입장입니다. 물은 상품도, 이권도 아니고 인권이며 기본권이라는 주장이죠. 국가가 중심이 돼 세계적인 경쟁력을 가진 물 회사를 키우기 위해서는 국내에서 먼저 경쟁력을 갖는 대규모 물 회사가 키워져야 되고, 이를 위해서는 정부가 나서서 민간 물 사업자를 키울 수밖에 없다고 이들은 주장합니다. 또 이게 다름 아닌 민영화로 가는 길이라는 것이죠.

이에 반해 정부와 기업에서는 민간에게 맡겨도 수도 요금 등 중요한 것은 정부가 결정하는 것이므로 민영화가 아니라고 말합니다. 다만 국제적으로 물 산업 시장이 점점 규모가 거대해질 것이므로 우리도 경쟁력 있는 회사를 키워서 물로 돈을 벌어야 한다는 주장입니다. 또 외국의 거대 기업이 국내 시장에 들어올 때 이들과 경쟁할 수 있는 회사가 필요하다는 이야기도 하죠. 세계 물 시장을 석권하고 있는 상위 두 개 회사가 모두 프랑스 회사라는 것 기억하죠? 프랑스는 드물게 150여 년 전 나폴레옹 시절부터 수도 사업을 민영화했습니다. 오랜 민영화 운영 경험이 경쟁력을 갖게 했고 세계적인 물 관련 기업을 키울 수 있었다는 것도 물 산업 육성을 주장하는 사람들이 강조하는 내용입니다.

이런 논쟁은 지난 2012년 박근혜 후보와 문재인 후보가 맞붙은 대선에서도 이어졌습니다. 이때 문재인 후보는 이렇게 이야기했죠.

> "먹는 물은 국민의 생명과 건강에 직결되는 것으로, 식량 안보처럼 물 안보 차원에서 상수도 문제에 접근해야 한다. 특히 민영화했을 때 수질 관리 문제, 상수도료 인상, 상수도 인프라 투자 부진 등이 발생할 수 있다. 따라서 글로벌 물 기업 육성은 상수도 민영화와 별개로 접근해야 한다."

민영화에는 동의하지 않는다는 입장은 밝혔지만 세계적 수준의 물 관련 기업 육성의 필요성도 부인하지 않고 있습니다.

중요한 것은, 물은 상품이 아니라 모든 인간이 기본적으로 접근 가능한 공공재이며 물 소비는 인간의 기본 권리라는 점을 분명히 하는 것입니다. 우리나라에서도 여전히 물 시장을 민영화하려는 쪽과 이를 막아 내려고 하는 쪽이 있습니다. 대전, 동두천, 태백 등 여러 곳에서 지방자치단체의 물 민영화 움직임을 막아 내는 싸움도 했습니다. 사실 정부는 장기적으로는 물 민영화를 하려는 계획을 입안해 놓고 있다는 사실이 언론을 통해 밝혀졌습니다. 현재 지방 정부 차원에서 민영화를 하겠다는 것은 수자원공사 같은 곳에 위탁 운영을 하겠다는 수준입니다. 하지만 이것을 반대하는 쪽은 이를 전형적인 '살라미 전술'이라고 비판합니다. 지방 정부에서 관리하다 수자원공사로 넘긴 후 점차 민간 회사에 넘길 것이라고 의심하고 있습니다. 실제 정부가 지난 2010년 발표한 물 산업 육성 계획에는 2021년에 물 산업을 이끌 민간 대기업을 육성해 해외로 진출하겠다는 내용이 들어 있습니다. 세계적 물 기업을 육성하기 위해서라도 국내 물 시장에 민간 기업을 참여시키는 것은 필수 과정이기 때문이죠. 물 민영화 사업의 위험성은 다른 나라 사례에서 이미 많이 확인됐습니다. 물 산업 민영화는 사회적으로 큰 주목을 받지는 않았지만 우리나라에서 여전히 진행 중인 이슈라는 점을 잊으면 안 되겠죠.

앞에서도 강조한 것처럼 '민영화 정책을 밀어붙일 것인가, 중단할 것인가' 하는 점은 대통령을 비롯한 집권 정치 세력이 누구냐에 따라 많이 달라질 수 있다는 겁니다. 국민들이 정치인들을 제대로 잘 뽑아야 하는 이유입니다.

물을 물 쓰듯 하면 안 되는 이유

우리는 지금까지 물을 돈이 되는 상품으로 보는 시각과 인간이면 기본적으로 향유해야 할 권리로 보는 두 시각을 살펴봤습니다. 이 책은 기본권이라는 의견을 지지하는 입장에서 쓰였습니다. 그런데 이 두 가지 입장이 어떻게 싸우든 간에 물은 생명이라는 사실에는 변함이 없습니다. 우리는 물이 없으면 살 수가 없죠. 누구나 인정할 수밖에 없는 분명한 사실이죠. 우주 안 어느 행성에 생명체가 있는지 여부를 확인하는 가장 기본적인 전제가 그 행성에 물이 있는지 여부입니다.

우리 말 비유 중에 '물 쓰듯'이라는 구절이 있습니다. 돈을 물 쓰듯 한다, 시간을 물 쓰듯 한다, 이런 식으로 표현하죠. 흥청망청 헤프게 쓴다는 뜻이죠. 이처럼 귀한 물이지만 한편으로는 너무 흔한 것이라고 생각되기도 하는 게 물이죠. 물은 더 이상 '물 쓰듯' 해도 되는 흔한 물이 아닙니다.

우리가 일상적으로 생각하고 있는 것은 아니지만 지구가 인간에게 공급할 수 있는 생활용수나 공업·농업용수는 제한돼 있습니다. 지구가 탄생한 태고에 있던 물과 지금 있는 물은 같은 분량입니다. 지구는 몇 십억 년 동안 동일한 양의 물을 품고 있는 것이죠. 그런데 지구의 물 대부분인 97.2%는 바닷물입니다. 먹을 수도, 농사를 지을 수도, 공장에 사용할 수도 없는 짠물(염수)이죠. 대기 중에 수증기로 있는 물은 아주 미약한 분량(0.001%)에 불과하죠. 육지 물이 전체의 2.8% 정도인데 이 물 대부분은 남극과 북극에 거대한 얼음덩어리(빙하)로 있죠. 바닷물과 빙하를 제외하면 지하수가 0.62%, 호수와 하천에 있는 물은 0.03%에 불과합니다. 우리가 식수로 사용할 수 있는 물은 지구 전체 물의 0.5%에도 미치지 못합니다.

전 세계 인구(73억 명)의 10%에 조금 못 미치는 7억 명 정도가 물 부족으로 고통을 받고 있으며, 18억 명은 오염된 물을 마시고 있다고 합니다. 가난한 나라에서 발생하는 어린이 질병의 80%가 오염된 물 때문에 생긴 것이라는 통계도 있어요. 물 때문에 생기는 병

(수인성 질병)으로 매일 1,000명 정도의 어린이가 죽어가고 있다는 통계도 있습니다. 물론 물이 부족하거나 오염된 물을 마셔서 어린이가 죽는 사태가 우리나라에서 일어나는 일은 아니지만 참으로 안타까운 일이 아닐 수 없습니다.

물 이야기 첫 부분에 있었던 가상의 이야기, 기억나죠? 2050년을 상상한 것이었습니다. 그런데 2050년이 되면 지구 인구는 현재의 73억 명에서 97억 명으로 늘어날 것으로 예상됩니다. 사람이 늘어난 만큼 물 수요도 늘어나 지금보다 40% 증가할 것으로 전문가들은 보고 있죠. 물 부족으로 고통 받는 사람이 세계 인구의 25%, 약 24억 명에 이를 거라는 이야기입니다.

특히 도시 지역의 경우 빗물이 땅 속으로 스며들지 않고 곧바로 강과 바다로 빠져나가는 경우가 많을 수밖에 없어요. 콘크리트 구조물을 통해서 빠른 속도로 강으로 흘러들어갈 테니 말이죠. 인간이 사용할 수 있는 물, 즉 육지에 있는 민물의 거대한 보관소인 지하수 총량이 줄어든다는 이야기입니다.

물 문제를 전문적으로 연구하는 한 학자는 이렇게 이야기합니다.

"물의 순환이 균형을 이루려면 대륙의 강에서 바다로 흘러드는 물의 양과 바다에서 증발되는 물의 양이 같아야 합니다. 바다에서 증발된 물은 전선(한랭전선이나 온난전선)을 형성하며 비가 돼서 다시 대륙으로 떨어지기 때문이죠."

자연 현상, 인구 증가, 도시화, 낡은 수도 시설 등 다양한 이유에 따른 물 부족 현상은 앞으로 더 심화될 것이라는 게 전문가들의 공통된 예측입니다. 한 나라의 정책만 가지고 해결할 수 있는 문제도 아니죠. 2050년 가상의 사례가 단지 가상의 세계로 끝나지 않을 수 있습니다. 인류의 지혜를 모아야 되는 대단히 풀기 어려운 과제입니다. 이 문제를 이윤 획득을 최고 가치로 삼는 기업의 손에 넘겨주면 안 되는 이유 중 하나입니다.

세계적으로 잘 알려진 인도의 비폭력 운동가 간디는 이렇게 말했습니다. "지구가 가진 자원은 모든 사람의 필요를 채워 주기에는 충분하지만 소수의 탐욕을 채워 주기에는 부족하다."

06 건물주, 허망하고 슬픈 꿈
땅·집 '사는 것'이 아니라 '사는 곳'

'건물주' 꿈, 빨리 깰수록 좋다

꿈 이야기를 한번 해 볼까요? 예전에는 초등학생들에게 꿈이 무어냐고 물으면, 대통령이나 과학자, 군인, 소방관이 되겠다는 응답이 많았죠. 초중고 교사와 대학교수를 꿈꾸는 아이들도 적지 않았고요. 우리에겐 모든 꿈이 허락되고, 그런 꿈을 꾸다 보면 실제로 꿈을 이룰 수도 있을 테고요. 꿈과 상상력은 밥과 함께 사람이 성장하는 데 필수적인 영양소 같은 것이죠. 여러분의 꿈은 무엇인가요? 우리가 앞으로 힘차게 걸어 나갈 수 있는 것은 튼튼한 다리, 건강한 몸, 그리고 흔들리지 않는 땅이 있기 때문에 가능합니다. 하지만 앞을 바라볼 수 있는 눈이 없으면 힘차게 전진할 수 없습니다. 눈이 안 보이는 사람들도 여러 가지 다른 노력을 통해 앞으로 걸을 수 있습니다. 그들은 더 힘들게 걷는 만큼 더 값진 발걸음이라 할 수 있겠죠.

꿈은 마음의 눈으로 바라본 우리의 목표라고도 할 수 있어요. 어린이와 청소년 마음의 눈으로 그려 보는 꿈과 어른 마음의 눈으로 바라보는 목표는 다를 겁니다. 청소년과 청년의 경우도 또 다르겠지요. 튼튼한 다리와 굳건한 땅 그리고 맑은 눈이 어우러져 우리는 앞으로 전진할 수 있는 것이죠.

그런데 요즘 어린이들의 꿈은 과거와는 많이 달라진 것 같다고 합니다. 시대가 바뀌면서 꿈도 바뀌는 것은 자연스러운 일입니다. 그런데 그 꿈이 조물주 위에 있다는 '건물주'라면 어떨까요? 물론 누구도 다른 사람에게 이런 꿈을 가져라, 저런 꿈을 가져라, 강요할 수는 없습니다. 누구나 꿈꾸는 자유가 있고 이건 막을 수도, 막아서도 안 되는 것이니까요. 건물주가 되는 꿈을 가질 수도 있습니다. 미국 대통령 트럼프는 세계인들에게 많은 욕을 먹고 있지만 부동산 사업으로 성공한 사람입니다.

그런데 건물주가 되고 싶은 꿈은 일하지 않고 집세 받아서 편히 즐기며 살고 싶다, 이런 욕망이 투사된 것이 아닐까요? 건물주든 다른 직업이든 일 안 하고 돈 벌어서 편히 살자는 게 꿈이라면 그런 태도는 다시 생각해 봐야 할 문제가 아닐까요? 불로소득자가 꿈이라면 곤란할 것 같지 않나요?

초등학생 1,000명을 대상으로 꿈을 물어본 결과 40%가 넘는 어린이들이 '공무원'을 꼽았다는 조사 결과가 있습니다. 그 이유는 바로 안정적인 직장이라는 것이죠. 고등학생의 경우도 장래 희망 1위가 '공무원'이었고 2위가 '건물주 또는 임대업자'였다고 합니다. 초중고 학생들 모두 희망 직업을 고른 이유가 고수입과 안정입니다. 무엇인가 자기가 하고 싶은 일을 찾아 나서는 진취적이고 모험적인 꿈을 꾸지 않고 불로소득으로 살아가겠다는 포부를 가진 것을 어떻게 평가해야 할까요?

그런데 자세히 들여다보면, 부자가 되고 싶은 욕망보다는 가난하게 사는 것에 대한 공포가 건물주나 공무원 꿈에 담겨 있는 것은 아닐까요? 특히 우리나라는 1997년 IMF 구제금융을 받은 후 전 사회적으로 대대적인 정리해고가 진행됐고 이후에도 일상적으로 정리해고가 단행됨에 따라, 일정한 수입이 보장된 안정적 직장을 갖는 것이 너무 중요한 일이 되고 말았죠. 항상 고용이 불안정한 비정규직 노동자들이 전체 노동자의 절반 수준인 현실에서, 부모님들의 걱정과 부모님들이 자식에게 바라는 것이 무엇인지 아는 어린이들과 청소년들의 꿈이 이런 식으로 나타나는 것은 어쩌면 당연한 일일지도 모릅니다.

그런데 건물주가 꿈인 사람들에게 더 슬픈 일은 지금 건물주가 아닌 사람들은 앞으로도 건물주가 되기는 거의 불가능에 가까울 정도로 힘들다는 사실입니다. 땅과 집, 즉 토지와 건물은 대표적인 부동산입니다. 우리나라의 경우 개인이 가지고 있는 자산(재산이라고 해도 됩니다)의 대부분은 부동산입니다. 땅이나 건물, 아파트 같은 것들이죠. 그런데 부자는 더 부자가 되고 가난한 사람은 더 가난하게 되는 현상이 점점 더 심화하고 있습니다. 토지와 주택을 가지고 있는 부동산 부자들과 그렇지 않은 사람들의 격차가 갈수록 심하게 벌어진다는 이야기죠. 그러니까 지금 가난한 사람이 앞으로 부자가 될 가능성이 점점 더 줄어들 수밖에 없습니다. '건물주 되기', 어쩌면 허망하고 슬픈 꿈일지도 모릅니다.

대한민국 모든 국민이 가지고 있는 자산의 대부분인 88.7%는 부동산입니다. 나머지는 은행 예금, 주식, 채권 같은 형태로 이런 것들을 금융자산이라고 합니다. 토지만의 경우를 보면 불평등 수준이 놀라울 정도로 심각하다는 사실을 알 수 있습니다. 2012년 기준, 개인 상위 1%가 면적으로 보면 개인 소유 땅의 약 55%를 가지고 있습니다. 개인 상위 10%로 범위를 넓히면 97.6%, 그러니까 거의 모든 개인 사유지를 차지하고 있다는 이야기가 됩니다. 그런데 이런 현상은 우리나라에만 국한되지 않습니다. 전 세계적 차원에서 보면 더 심각한 상황이죠.

전 세계 어려운 사람들을 돕는 국제 구호 기구 옥스팜은 각종 통계자료를 분석한 결과 최근 1년 동안 전 세계에서 늘어난 부의 82%가 상위 1% 부자들에게 돌아갔다고 발표한 바 있죠. 반면에 하위 50%에 해당하는 37억 명의 재산은 전혀 증가하지 않았다고 합니다. 빈부 격차, 부의 불평등이 어마어마하게 커졌다는 얘기입니다. 이처럼 격차가 심화한 이유는 여러 가지입니다. 그중에서 주주에게 주는 배당금이나 극소수 기업 최고경영자들에게 주는 연봉과 보너스는 급격하게 늘어난 반면 노동자들이나 일반 국민들에게 돌아가는 노동 소득은 크게 늘어나지 않은 것이 중요한 이유라고 합니다.

평범한 국민들은 부지런히 일해서 벌어들인 소득의 상당 부분을 월세나 전세를 얻는 데 지출하거나, 집 살 때 은행에서 빌린 돈의 이자를 갚는 데 씁니다. 중소 영세업체들의 경우 영업에서 벌어들인 돈의 상당 부분이 가게나 공장부지 임대료로 나가죠. 토지나 주택, 건물을 가진 사람들, 그러니까 지주나 건물주들은 노동을 하지 않고도 큰돈을 벌게 되는 셈입니다. 물론 건물 관리에 들어가는 비용이라든지 정부에 내는 세금이 있긴 합니다만, 이런 것들도 대부분 세입자들에게 부담을 떠넘기죠. 만약에 대부분의 사람들이 건물주가 되는 것을 꿈으로 가지고 있다면 결과는 어떻게 될까요? 건물주가 부러움의 대상이고, 건물주 이익이 우선시되는 사회가 되지 않을까요? 건물주의 꿈, 지주의 꿈을 달성할 수 있는 사람은 아주 소수거나 거의 없다고 보면 됩니다. 여러분이 건물주의 아들이나 딸, 손자나 손녀가 아닌 이상 그렇습니다. 로또 당첨 확률을 노리고 자기 인생을 거는 일은 어리석은 행동 아닐까요? 로또 당첨자가 매주 나오는 것은 분명하지만 그게 바로 '나'가 될 확률은 벼락 맞아 죽을 확률보다 낮습니다. 로또 1등 당첨 확률은 814만5,060 분의 1입니다. 자기 인생에 그럴 일은 없다고 보는 것이 더 현실적일 겁니다. 따라서 우리가 냉정하게 계산을 해 봐도 행복한 삶을 위해서는 건물주 되는 꿈을 버리고, 건물주가 되지 못할 대부분의 국민이 주거 걱정을 하지 않고 살 수 있는 사회를 만드는 데 힘을 합치는 것이 현명한 선택이 아닐까요? 그럴 때 건물주의 횡포나 '갑질'을 막을 수 있는 법과 제도를 만들 수 있는 힘을 갖게 되겠죠. 사유재산제를 인정하는 사회에서 건물주가 있는 건 당연한 일이죠. 문제는 건물주의 존재가 아니라 건물주의 무리한 요구와 갑질입니다. 이걸 어떻게 막을 수 있을까요?

사유재산권, 신성불가침 아니다

건물주는 말 그대로 건물의 주인입니다. 건물은 땅이 있어야 지을 수 있죠. 200평 땅에 건물(주택)을 얼마나 지을 수 있을까요? 큰 주택 한 채를 지을 수도 있고, 작은 집 두세 채를 지을 수도 있을 겁니다. 건물을 높이 올리면 10채도 20채도 지을 수 있겠죠. 우리가 주택 공급을 늘린다, 줄인다, 이런 이야기를 할 수 있는 이유입니다. 그런데 땅은 어떤가요? 땅값이 오른다고 땅을 더 만들 수 있나요? 땅 제조 공장에서 기계를 더 많이 돌려 땅 공급을 더 늘릴 수 있나요? 간혹 대규모 간척사업으로 새로운 땅을 만들기도 하지만 그건 나라 땅 전체 가운데 극히 일부이고, 늘리는 데 한계도 분명히 있죠. 깊은 바다를 다 메워서 땅을 만든다면 땅에 있던 산이 아마 다 없어져서, 땅 자체가 바다로 변할 겁니다.

이처럼 땅은 생산이 불가능한 재화이며 상품이죠. 재화 가운데 독특한 성질을 가진 재화입니다. 다른 일반 재화나 상품과는 성격이 확실히 다르죠. 지구가 만들어지던 수십억 년 전 물의 양과 지금 물의 양이 같은 것처럼 땅도 거의 마찬가지죠. 오히려 지구 온난화로 해수면이 높아지면서 땅 덩어리는 작아지는 경향을 보입니다. 땅의 이러한 특성 때문에 토지 사유화를 인정하는 많은 나라에서도 토지에 대해서는 공적으로 규제하는 법률을 만들어 놓고 있습니다. 토지의 공공적 이용을 중요시하는 것이죠.

그런데 사실은 토지뿐 아니라 모든 사유 재산도 무한대 자유를 보장받는 것은 아닙니다. 우리는 가끔 주변에서 "내 돈 가지고 내

맘대로 하는데 네가 웬 참견이야?"라는 말을 듣는 경우가 있습니다. 과연 그럴까요? 자기 돈이라고 정말 자기 맘대로 써도 될까요? 자기 돈으로 도박을 해도, 마약을 사도 괜찮을까요? 자기 돈이라도 정당하게 사용하지 않으면 문제가 될 수 있습니다. 자기 차라고 해서 거리에서 폭주를 해도 될까요? "사고가 나도 내가 나고, 부서져도 내 차가 부서지니까 참견 마!" 이렇게 말할 수 있나요? 아니죠. 폭주를 하면 다른 사람도 위험해집니다. 이것 역시 법에 저촉되는 것이죠.

물론 우리나라는 헌법으로 사유재산권을 보장하고 있습니다. 하지만 동시에 제약 조건도 있죠. 헌법 제23조 제1항은 "모든 국민의 재산권은 보장된다. 그 내용과 한계는 법률로 정한다." 이렇게 돼 있습니다. 사유재산권 보장이 원칙이긴 하지만 법률로써 한계를 정할 수 있다고 한 것이죠. 이어지는 제2항의 내용입니다. "재산권의 행사는 공공복리에 적합하도록 하여야 한다." 자기 재산이라도 아무런 제약 없이 제멋대로 행사하는 데 제동을 건 것입니다. 공공의 이익에 반하는 사유재산권의 행사는 제한할 수 있다는 뜻입니다.

보통의 사유 재산에 대해 이런 제한 규정이 있는데 토지라는 특별한 공공재적 성격을 가진 재화에 아무 제한이 없다면 그게 오히려 이상하지 않을까요? 우리 헌법에는 공공의 필요에 따라 사유 재산을 수용하거나 사용할 수 있다고 규정돼 있습니다. 물론 토지를 비롯한 사유 재산을 보장하는 원칙을 전제로 하는 것입니다. 개인 소유 토지를 수용하거나 사용할 때는 '정당한 보상'을 지급해야 한다고 헌법은 명시하고 있지요. 또 국토의 효율적·균형적 개발을 위해서라면 법률을 통해 개인의 토지 소유권에 필요한 제한을 할 수 있다고 돼 있습니다. 헌법에 이런 조항은 있지만 현실에서는 이 문제를 놓고 정부와 땅 주인 사이에 갈등이 발생하는 일이 있습니다.

여러분, 혹시 남대문 화재 사건을 기억하시나요? 지난 2008년 국보 1호 남대문이 시뻘건 불길에 휩싸여 순식간에 다 타버리는 장면을 TV로 보던 모든 국민은 큰 충격에 빠졌습니다. 누가 도대체 왜 남대문에 불을 질렀을까? 사람들은 분노하면서 또 궁금해 했죠. 알고 보니 불을 지른 방화범은 70대 노인이었습니다. 아니 그럴 수가! 할아버지가 도대체 무엇 때문에?

당시 언론 보도에 따르면 그 할아버지는 자기 고향에 땅을 조금 가지고 있었습니다. 그런데 자신의 땅을 정부가 수용했습니다. 정부는 왜 민간인의 재산인 땅을 수용했을까요? 정부가 하는 일 가운데 중요한 하나는 나라에 필요한 기간 시설을 공급하는 것입니다. 도로는 대표적인 기간 시설 가운데 하나죠. 정부가 도로나 항만, 대규모 주택 단지나 산업단지 등을 조성할 때 민간인 토지를 수용하는 일이 종종 있습니다.

정부는 헌법과 법률 절차에 맞게 할아버지의 토지를 수용했고, '정당한 보상'을 했다는 입장이겠죠. 문제는 할아버지 입장에서도 정당한 보상이었나 하는 점이겠죠. 헌법 제23조 제3항에는 "공공 필요에 의한 재산권의 수용·사용 또는 제한 및 그에 대한 보상은 법률로써 하되, 정당한 보상을 지급하여야 한다." 이렇게 돼 있습니다. 이 할아버지가 볼 때 자신이 받은 토지 보상액은 너무 적었던 것이죠. 정당하지 않은 보상이라는 주장이었습니다. 그래서 땅값 보상금을 올려달라는 내용으로 언론, 정부 기관, 청와대 등에 민원을 냈습니다. 그런데 자신의 뜻이 받아들여지지 않자 엉뚱하게도 국보 1호에 불을 지른 것이죠.

이처럼 토지의 공익적 이용이라는 정부의 정책과 개인 소유자의 이해관계가 첨예하게 맞부딪쳐 갈등이 발생하는 경우가 적지 않습니다. 만약에 토지의 공공적 사용에 관한 정부의 수용권 같은 내용이 헌법이나 법률에 없다면 정부는 고속도로, 철도나 전철, 항만과 공항 같은 공공시설을 건설하기 쉽지 않았을 것입니다. 토지의 개인 소유권을 인정하고 보호한다는 것을 원칙으로 하되 정부가 불가피하게 공익적 목적으로 토지 수용을 할 경우 법에 따라 공정한 절차를 거치고, 적정한 보상 가격을 정해서 수용당하는 땅 주인에게 지급을 해야겠죠. 헌법이나 법률도 그렇게 하도록 규정하고 있습니다.

5포 세대와 지옥고

언제부터인가 청년들을 중심으로 우리나라를 '헬조선'이라고 부릅니다. '지옥 같은 나라'라는 말이죠. 여러분은 '3포 세대'라는 말을 들어봤나요? 연애, 결혼, 출산, 이 세 가지를 포기한 세대로 20~30대 젊은 사람들을 말합니다. 물론 청년층 중에도 부모를 잘 만났다거나 이러 저러한 이유로 경제적 걱정 없이 지내는 사람들도 있긴 하겠죠. 하지만 더 많은 청년들이 그렇지 못하다는 겁니다. 왜 이렇게 된 걸까요? 가장 중요한 건 일자리를 구하기 어렵기 때문입니다. 또, 가까스로 일자리를 구했다 하더라도 낮은 임금과 고용 불안에 시달려야 합니다. 그러다 보니 연애는 물론 결혼도 포기하고, 결혼을 해도 아이 낳는 것을 포기한다는 말이죠. 3포 세대를 넘어서 5포 세대, 7포 세대라는 말도 만들어졌습니다. 5포 세대는 연애, 결혼, 출산 이외에 인간관계와 집 사는 것을 포기한 세대입니다. 7포 세대는 거기에 희망과 꿈도 포기한 세대입니다. 참으로 슬픈 말입니다.

매년 10월 첫째 주 월요일은 국제연합(UN)이 정한 '세계 주거의 날'입니다. 열악한 주거 환경에서 생활하는 사람들에 대한 관심을 높이고 주거(일정한 곳에서 머물러 사는 것, 또는 그런 공간인 집을 뜻합니다)가 인간의 기본적 권리라는 사실을 알리기 위하여 UN이 1986년 제정한 날이죠. 가난하든 돈이 많든 인간이라면 일정한 곳에서 안정되게 살 수 있어야 하며, 이것은 모든 인간의 기본적 권리라는 선언입니다. 문제는 현실에서 이 기본권을 모든 사람이 누릴 수 있는 것이 아니라는 사실이죠. 주거권은 보편적인 권리일지라도 그것을 보장하는 집이 사유 재산이기 때문에 생긴 일입니다. 이런 이유로 사람들은 집을 '사는 곳'이 아니라 '사는 것', 즉 하나의 상품으로 보게 되었습니다. 특히 돈이 많은 기업이나 개인은 집과 토지를 이윤을 많이 남길 수 있는 투자 대상으로 보고 있습니다. 부동산은 한번 사놓으면 결코 손해를 보지 않는다는 이른바 '부동산 불패

신화'를 믿고 있는 거죠. 실제로 은행이나 펀드에 돈을 맡기는 것보다 부동산에 투자를 하면 더 많은 돈을 벌 수 있죠.

집값이 올라가면 집을 가진 사람은 좋지만 그렇지 못한 사람들은 삶이 고단해집니다. '내집 마련'의 꿈을 더 이상 갖기 어렵고, 전월세 값이 오르면 생활의 질이 떨어집니다. 주거비가 늘어나면서 다른 곳의 지출이 줄어들 수밖에 없게 됩니다. 또는 더 먼 곳으로 이사를 가야 됩니다. 특히 서울 같은 대도시의 경우 이런 현상이 더 심합니다.

집값을 올리기 위해 아파트 단지에 사는 주민들이 담합을 하는 경우도 있어요. 집을 얼마 아래로 팔지 말자, 얼마 이상 부르자, 이런 식의 내부 담합이죠. 대기업의 경우 이런 담합은 불법입니다. 하지만 개인들이 이렇게 할 경우 딱히 막을 방법이 없습니다. 어려운 사람들만 더 어려워지는 꼴이죠.

주거권이 보편적 인권이라고 해서 국가가 모든 국민에게 집을 나눠줄 수는 없는 일이죠. 그렇다고 정부가 두 손 놓고 가만히 있을 수만도 없습니다. 부동산 정책도 누가 대통령이 되느냐, 어느 정당이 다수당이 되느냐에 따라 차이가 납니다. 모든 정부가 말로는 부동산 투기를 뿌리 뽑겠다, 집값 급등 현상을 잡겠다고 하지만 지금까지 성공한 정부는 없습니다. 무능해서 그렇기도 하지만, 부자와 대기업 그리고 이들 편을 들어주는 언론의 눈치를 보기 때문에 그렇습니다. 많은 국민이 정부의 부동산 정책을 믿지 않는 이유입니다.

집이나 땅이 투기 대상이 돼 가격이 급격하게 오르는 것을 막고 집 없는 사람들에게 안정적인 주거 환경을 보장하기 위한 다양한 대안 정책이 나오고는 있습니다. 하지만 정부가 지속적으로 흔들림 없이 이런 정책을 밀고 나가지 못하고 있습니다.

대안 정책은 두 가지 방향에서 나옵니다. 하나는 고급 주택 보유자나 다주택자들을 대상으로 높은 세금을 내도록 하는 것이죠. 현재 종합부동산세가 바로 이를 위해 도입된 세금인데 실제로 큰 부담을 줄 정도는 안 됩니다. 정부가 부자들 눈치를 보기 때문이죠. 2018년 9월 정부는 부동산 가격이 급등하자 대책으로 종합부동산세 세율을 높이는 정책을 발표했습니다. 하지만 실제 인상 금액은 많지 않아 정책 효과를 얻을 수 있을지 회의적인 평가가 많이 나왔죠. 이와 관련해서 한 시민운동가가 말한 내용이 많은 사람들의 공감을 얻었습니다.

"청년들은 방 한 칸에 살면서도 매달 50만 원씩 1년에 600만 원을 월세로 내고 있다. 30억 원 부동산을 가진 사람의 종부세가 그것보다 적으면 안 되는 것 아니냐?"

2017년 대학가 방 한 칸의 월세 평균은 49만 원이었습니다. 반면 2018년 종합부동산세 개편으로 30억 원짜리 아파트를 갖고 있는 다주택자는 세금이 평균 102만 원 늘어 1년에 564만 원을 낸다고 합니다. 시민운동가의 말이 틀린 말이 아닌 것이죠. 정부가 보다 과감하고 적극적으로 종합부동산세를 올려서 부동산 가격을 안정시키려면 어떻게 해야 할까요? 부동산 문제는 경제 문제지만 이를 풀기 위해서는 정치가 필요한 것이죠. 다양한 방법을 통한 여론 형성과 투표 등 민주적 제도와 장치를 통해서 '깨어 있는 시민'의 힘을 보여주는 수밖에 없습니다.

대안 정책의 다른 하나는 집 없는 사람들에게 공공 임대 주택을 많이 공급하는 것입니다. 정부가 주거 문제로 어려움을 겪고 있는 국민들에게 아파트 등 주택을 싼 값에 빌려 주는 제도입니다. 역대 정부도 영구임대주택, 국민임대주택, 보금자리주택, 행복주택 등으로 이름을 붙여 공공 임대 주택을 공급해왔습니다. 하지만 우리나라의 공공 임대 주택 보급률은 6.5%로, 우리나라도 가입한 선진국 경제 모임인 OECD 국가 평균 비율 12%의 절반 수준입니다. 보다 많은 공공 임대 주택이 공급될 수 있도록 정부가 노력해야겠죠.

임대 주택은 민간 임대 주택과 공공 임대 주택으로 나눌 수 있어요. 집을 가지고 있는 개인(보통 다주택자들입니다)이 전세나 월세를 주는 것은 민간 임대이고, 정부와 지방자치단체가 공급하면 공공 임대입니다. 이와 함께 새로운 형태인 사회주택이라는 것이 있습니다. 사회주택은 민간과 정부가 협력해서 공급하는 새로운 형태의 임대 주택입니다. 공공 임대 주택과 민간 임대 주택의 중간 정도라고 보면 됩니다. 예를 들어 설명해 보겠습니다. 서울시나 강원도 등 지방자치단체가 토지를 구입해서 민간 부문이라고 할 수 있는 사회적경제 주체에게 빌려 줍니다. 사회적경제 주체란 공공의 이익과 사회적 가치 실현을 목적으로 하는 마을 단위 기업, 사회적기업,

협동조합 등을 말합니다. 사회적경제 주체들은 지방자치단체로부터 빌린 땅 위에 집을 짓습니다. 이때 건축비는 각종 사회적 기금에서 빌립니다. 이렇게 해서 지어진 집을 주변 집값 시세의 80% 아래로, 길게는 10년까지 살 수 있게 임대하는 것이죠.

사회주택은 '주거는 기본권'이라는 시각을 가진 사람들이 주거 문제를 해결하기 위해 고안한 방법입니다. 주거 문제는 민간에게만 맡겨도 안 되고 정부 등 공공 부문의 힘만으로도 해결할 수 없다고 보고 새로운 대안을 만든 거죠. 네덜란드에서는 전체 주택의 1/3이 사회주택이라고 하네요. 사회주택은 앞으로 주거 문제를 풀기 위해 적극적으로 도입할 필요가 있는 제도라는 평가를 받고 있습니다.

부자 나라, 가난한 국민

현재 우리나라에서는 헌법 개정 문제를 놓고 여러 의견이 나오고 있습니다. 국민의 압도적 다수는 개헌을 해야 한다는 데 동의하고 있습니다. 문재인 정부가 제안한 헌법 개정안에는 '토지공개념' 조항이 있습니다. 이 조항을 둘러싸고 서로 다른 의견들이 맞부딪치며 논쟁을 벌이고 있습니다.

이미 설명한 대로 기존 헌법에도 토지를 비롯한 재산권의 공익적 사용을 위해 재산권 행사를 법에 의해 제한할 수 있다는 조항이 있습니다. 토지공개념 조항을 넣는 개헌을 반대하는 사람들은 이것이 토지를 국유화하는 사회주의 헌법이라고 주장합니다. 하지만 이런 주장은 사실과 다른 억지에 불과합니다. 사유재산제는 헌법에서 보장하는 원칙 가운데 하나입니다. 개인 땅을 국가가 소유하자는 것이 아니라, 공익을 위해서 적정한 보상을 전제로 국가가 개인 소유 토지를 수용하거나 사용할 수 있다는 사실을 좀 더 분명하게 헌법에 밝히자는 것이죠. 이런 내용에 동의하지 않는 사람들이 국민 여론을 호도하기 위해 사회주의 헌법 운운하는 것이죠. 사실 자본주의 시장 경제를 지지하는 경제학자들도 토지의 공공성을 강조했습니다. 사회주의를 비판한 헨리 조지 같은 경제학자 역시 토지 사유를 강하게 비판한 사람이죠. 헨리 조지의 사상은 따로 설명하겠습니다.

여기서 잠깐 2018년 3월 청와대에서 발표한 개헌안 내용 가운데 경제와 토지공개념 관련된 부분을 살펴보면 좋을 것 같습니다.

"국가가 성장하면 국민도 성장해야 합니다. 우리는 세계 10위권 규모의 경제 강국입니다. 그러나 경제가 성장해도 가계 소득은 줄어들고 경제적 불평등은 갈수록 커지고 있습니다. 국민 간의 소득 격차, 빈곤의 대물림, 중산층의 붕괴 등 양극화가 경제 성장과 국민 통합을 가로막는 상황입니다. 이러한 문제를 해결하지 않으면 대한민국의 미래는 어두울 수밖에 없습니다."

위 발표문에 나타난 문재인 정부의 생각은 상당히 중요한 의미를 가지고 있습니다. 한번 살펴볼까요? '일본은 부자 나라지만 일본 사람은 가난한 국민이다'라는 말은 『부자 나라 가난한 국민, 일본』, 『부자 나라 가난한 시민』이라는 책이 주장하는 내용입니다. 나라가 부자인데 왜 그 나라 국민은 가난할까요? 부자 나라는 그 나라 국민들이 생산한 재화와 용역의 총량이 국민들이 충분히 소비할 정도이고, 혹시 부족한 재화는 국내에서 생산된 상품을 수출해서 번 돈으로 외국에서 사올 수 있는 나라겠죠. 생산량이 늘면 그만큼 더 풍족하게 살 수 있을 겁니다. 환경과 생태 문제는 여기서 일단 논외로 하겠습니다. 그런데 왜 국민은 가난할까요?

그 이유는 간단합니다. 국민들이 만들어 낸 생산물들이 고루 나눠지지 않기 때문이죠. 인구가 100명인 나라에서 만든 국부의 총량이 100만 원이라고 가정해 보죠. 이를 고루 나누지 못한 극단적인 경우를 한번 생각해 보겠습니다. 이 나라 국민 중 1명이 999만 9,901원을 차지하고 나머지 99명이 1원씩 가져간다면 이 나라는 거지의 나라가 될 것입니다. 현실에서 이런 나라는 없습니다. 하지만 심각한 불평등 현상은 세계 곳곳에서 나타나고 있는 게 현실이죠. 많은 사람들이 '지금 세상이 1% 대 99% 시대'라고 말하는 것도 바로 이런 심한 불평등 때문입니다. 물론 국민 100명이 모두 똑같이 1만 원씩 가져가는 나라도 현실에서는 없죠. 그리고 그것이 바람직한 것도 아닙니다. 개인의 노력과 역량에 따라 어느 정도의 차이가 있는 것은 자연스러운 현상이죠.

우리가 위에서 언급한 2012년 기준 사례를 보면 국민 1명이 개인 토지의 55%를 갖고 있고, 잘사는 사람 10명이 97.6%를 가지고 있는 꼴이죠. 직장 다니면서 월급 받는 사람이 50명, 작은 가게에서 일하는 사람이 30명 정도 된다면 이들 80명이 번 돈 대부분이 다시 땅이나 건물 주인에게 빨려 들어가는 겁니다. 그러니 일을 열심히 해도 가난하고 고단한 생활을 계속해야 하는 사람들이 늘어나는 것이죠. 부자는 더 부자가 되고 가난한 사람은 계속 가난하게 살 수밖에 없는 세상이 되는 이유입니다.

나라는 부자인데 국민은 가난한 또 다른 이유는 국민 다수인 노동자들이 일한 만큼 제대로 보수를 받지 못하기 때문입니다. 우리나라 노동자 수는 1,988만 명으로 2,000만 명에 육박하는 수준입니다. 가족까지 계산하면 훨씬 더 늘어나겠죠. 이들 중 비정규직 노동자는 거의 절반에 이르는 수준입니다. 이들은 똑같은 일을 해도 정규직 노동자들보다 훨씬 적은 임금을 받죠. 특히 우리나라의 장시간 노동은 세계에서 손꼽힐 정도입니다. 일한 만큼 받지 못한다는 것의 의미는 비정규직 노동자들이 마땅히 받아야 할 몫이 다른 곳, 즉 부자들의 주머니 속으로 간다는 얘기겠죠. 물론 정규직 노동자들이라고 해서 받아야 할 만큼 다 받는다는 뜻은 아닙니다.

이 세상에는 모든 국민이 부자인 나라도, 모든 국민이 거지인 나라도 없습니다. 부자 나라에도 거지는 있고, 가난한 나라에도 갑부가 있습니다. 중요한 것은 '똑같이'는 아니지만 고루 잘사는 사회를 만드는 것이겠죠. 위에서 인용된 청와대 발표 내용은 바로 이 부분에 대한 언급이라고 할 수 있어요. "국가가 성장하면 국민도 성장해야 합니다"라는 내용은 부자 나라의 가난한 국민을 만들지 않겠다는 의지의 표현이죠. 이른바 성장의 과실이 고루 배분되는 사회를 만들겠다는 뜻이기도 합니다. 이를 위해서는 세금 징수를 통해 토지 보유에 따른 불로소득을 없애고, 노동력의 가치를 제대로 보상해 주는 것이 필요합니다.

문재인 정부는 헌법 조항에 '토지의 공공성과 합리적 사용을 위하여 필요한 경우에 한하여 특별한 제한을 하거나 의무를 부과할 수 있도록' 하는 토지공개념의 내용을 넣겠다는 입장을 분명히 했습니다. 그 이유를 이렇게 밝혔죠.

> "한정된 자원인 토지에 대한 투기로 말미암은 사회적 불평등 심화 문제를 해소해야 합니다."

물 민영화가 가져온 문제 못지않게 토지 소유의 독과점화 문제도 심각합니다. 따라서 사유재산제도라는 근간을 유지하면서 토지 사용의 공적 통제를 강화하는 헌법적 근거인 '토지공개념 헌법 조문화'는 우리 사회에 꼭 필요한 일입니다.

집은 '사는 것'이 아니라 '사는 곳'

토지공개념과 함께 '주거권'도 중요한 개념입니다. 주거권은 인간이라면 누구나 적절한 집에서 살 수 있는 기본권을 말합니다. 토지공개념과 대비해서 주택공개념이라고 불러도 좋을 것 같습니다.

문재인 정부의 개헌안에는 "사회 보장을 국가의 시혜적 의무에서 국민의 기본적 권리로 변경해 사회 보장을 실질화하고, 쾌적하고 안정적인 주거생활을 할 수 있는 주거권을 신설"하겠다고 밝혀져 있죠. 쾌적함은 주택 환경과 관련된 내용이고 안정은 전월세 등 임대료 및 임대 기간과 관련된 내용이라고 해석할 수 있습니다. 우리나라는 집값 상승과 전월세 임대료의 지속적이고 대폭적인 인상이 항상 사회문제가 되고 있습니다. 전세금은 사실상 주인 맘대로 올리는 실정입니다. 특히 대도시에 사는 서민들의 경우 오른 금액만큼 더 낼 수 없으면 지금 살던 곳보다 더 변두리로 쫓겨나야 되고 그 돈을 맞추려면 빚을 내야 되는 등 집 없는 서러움이 큰 사회입니다.

UN은 2차 대전이 끝난 후 1946년 6월 '세계인권선언'을 채택했습니다. 인간의 자유와 권리는 모든 사람에게, 모든 장소에서 차별 없이 적용된다는 인권의 보편적 가치를 옹호하는 선언입니다. 인간이 가지고 있는 다양한 기본권 가운데 주거권도 이 선언에 포함돼 있죠. 그 내용은 이렇습니다.

"모든 사람에게는 의식주와 의료와 필요한 사회 복지를 포함하여 자신과 가족의 건강과 복지에 적합한 생활수준을 요구할 권리가 있으며, 실업이나 질병이나 장애나 배우자의 사망이나 노령이나 불가항력적인 여타의 상황 속에서 겪는 생계곤란을 당한 경우에 사회 보장을 요구할 권리가 있다." - 세계인권선언 25조 1항

주거권 또는 주택공개념은 주택의 상품적 성격을 부정하지는 않지만, 인간의 기본권이라는 차원에서 접근하는 것도 필요하다는 점을 강조합니다. 세계인권선언뿐 아니라 UN 사회권 규약에서도 주거권을 기본권으로 보고 있습니다. 스웨덴, 덴마크, 영국 같은 나라에서도 헌법이나 법으로 주거권 조항을 채택하고 있습니다.

독일의 예를 들어보겠습니다. 독일 베를린에서는 시 차원에서 집이나 건물 주인(임대인)과 세 들어 사는 사람(임차인)이 공동 기구를 만들어서 교섭을 합니다. 이런 과정을 거쳐서 임대료 인상 폭이 결정됩니다. 우리처럼 집주인이 일방적으로 정해서 올려달라고 하는 게 아닙니다. 인상 폭도 아주 작아요. 베를린 시민들이나 거기서 유학하고 있는 외국 사람들도 주거비 걱정은 거의 하지 않는다고 합니다.

토지공개념이나 주택공개념은, 땅과 집을 상품으로만 취급하면 인간의 기본권이 침해될 수 있기 때문에 공공성 강화를 통해 이를 막기 위해 만들어진 정책입니다. 사유재산제도 원칙은 존중하면서 동시에 공공성을 강화하는 것이죠. 건물주가 조물주보다 높은 곳에 있는 사람이라는 뜻은 건물주에게 임대료를 내는 다수 사람들이 그를 조물주 자리에 앉게 해 준다는 뜻이 아니겠습니까? 과도한 임대료 인상을 막고 땅과 건물을 통한 불로소득을 막기 위한 제도를 도입하는 것은 일하는 사람이 고루 잘사는 평등한 사회를 위해 꼭 필요한 일이죠. 우리나라 국민 60% 이상은 헌법을 개정할 때 토지공개념을 포함시키는 것에 찬성했습니다.

우리는 이런 여론을 바탕으로 정치인들이 토지공개념 개헌을 추진하거나 관련 법률을 만들도록 다양한 방식으로 촉구할 필요가 있습니다.

헨리 조지와 단일 토지세

18세기 산업혁명 이후 유럽에 등장한 자본주의 체제는 생산력을 높이는 데 커다란 역할을 했습니다. 과학 기술의 발달로 증기 기관과 기관차가 발명됐고, 이를 이용해 부를 축적한 자본가 계급과 농촌에서 밀려나 도시로 나온 노동자 계급이 형성됐으며, 식민지 점령을 통해 해외 시장이 확보되는 등 여러 가지 요인이 작용한 결과입니다. 그런데 자본주의는 재화를 만들어내는 생산에는 성공했지만 그것을 나눠 갖는 분배에서는 실패했다는 평가를 받고 있습니다. 자유라는 이름으로 거대 기업과 자본가들의 횡포를 용납해 줬으며, 어린이들까지 그들의 이윤을 위해 강제 노동에 동원되는 고통을 겪었죠. 아담 스미스가 '자본주의의 아버지'라고 불리고 있지만, 독과점 대기업의 약탈적 행태에는 매우 비판적이었습니다. 아담 스미스의 '보이지 않는 손'을 내세운 시장지상주의자들은 이윤 추구를 위한 무한 자유를 주장했고, 돈과 권력을 가진 그들의 주장은 현실에서 영향력을 행사했죠.

분배에 실패한 자본주의는 빈부 격차 심화라는 대표적인 부작용을 낳았죠. 이에 대해 칼 마르크스는 문제 많은 자본주의 체제를 붕괴시키고 노동자를 비롯한 모든 국민이 평등하게 살 수 있는 사회를 지향하는 사회주의를 옹호했습니다. 실제로 20세기 100년 가까이 세계의 절반 정도는 사회주의 체제를 선택했습니다. 하지만 옛 소련이나 동유럽의 사회주의 국가들은 20세기 후반에 붕괴했습니다. 현실 사회주의는 실패로 끝났지만 사회주의가 지향하는 평등의 가치는 자본주의 자체에도 자극과 영향을 줬습니다. 사회주의가 실패한 이유에 대해 많은 이야기들이 있습니다. 그 가운데 우리가 주목할 필요가 있는 대목은 '민주주의의 결핍'이라는 진단입니다. 현재 유럽 선진 국가에는 사회주의나 사회민주주의를 표방하는 정당이 적잖습니다. 유럽 많은 나라들이 비교적 살기 좋은 복지 국가를 만들 수 있었던 것도 사회주의의 영향이 컸다고 볼 수 있습니다. 하지만 이때 중요한 것은 사회주의가 지향하는 가치가 민주주의 절차를 통해 이뤄졌다는 사실이죠. 자본주의든 사회주의든 민주주의가 기초에서 받쳐줘야 제대로 돌아갈 수 있습니다.

영국 경제학자 케인스는 사회주의가 아니라 자본주의와

자유 시장 경제 체제를 고쳐서 사용하면 문제점과 부작용을 치료할 수 있다고 믿었죠. 시장지상주의자들이 '작은 정부'를 주장할 때 케인스는 국민 경제 활동에 정부의 역할이 중요하다고 강조했습니다. 케인스 경제학은 1929년 미국에서 시작된 세계적 대공황에 좋은 대안이 됐습니다. 이후 상당 기간 케인스 경제학이 세계를 주름잡았죠. 하지만 1980년대 전후로 케인스 경제학을 비판하고 나타난 정치인과 경제학자들이 이른바 신자유주의 정책을 펼쳐왔습니다. 신자유주의 정책은 공기업 민영화, 노동 시장 유연화, 규제 완화, 복지 축소를 가져오는 긴축 재정을 주요 내용으로 하고 있습니다. 영국의 대처 수상, 미국의 레이건 대통령이 대표적인 신자유주의 신봉자들이었습니다.

그런데 자본주의의 문제점에 대해서는 마르크스, 케인스와 비슷한 입장을 가지고 있었지만 이를 극복하기 위한 대안으로 상당히 다른 방법을 제시한 미국 경제학자 한 명이 있습니다. 이름은 헨리 조지입니다. 헨리 조지는 토지 사상가로 널리 알려져 있죠. 아담 스미스는 자본주의가 등장하던 18세기에 살았습니다(1723~1790년). 마르크스는 헨리 조지보다 나이가 21살 더 많았지만 둘은 19세기 동시대에 활동했습니다. 케인스는 네 명의 경제학자 중 가장 막내로 20세기에 활약한 사람입니다. 마르크스와 헨리 조지는 자본주의의 여러 가지 문제점들이 터져 나오던 시대에 살았습니다.

"지금 시대(19세기)의 특징은 부의 생산력이 비약적으로 증가했다는 점이다. 증기와 전기의 이용, 개선된 생산 공정과 노동 절약적 기계의 도입, 고도의 분업과 거대한 생산 규모, 교환의 눈부신 발전 등으로 인해 노동의 효율성이 대단히 높아졌다."

헨리 조지의 대표 저작인 『진보와 빈곤』 첫머리에 나오는 구절입니다. 헨리 조지는 이처럼 생산력과 생산성을 급격히 상승시킨 자본주의 체제의 효율성을 인정했죠. 문제는 이런 물질적 진보가 국민의 생활수준을 높이는 것이 아니라 빈곤을 증가시키고 있다는 현실이었습니다. 다시 한번 헨리 조지의 글을 인용하겠습니다.

"19세기에 들어서 생산력이 엄청나게 증가했고 또 지금도 가속적으로 증가하고 있으나 극심한 빈곤을 퇴치하거나 고통받는 노동자의 짐을 덜어주는 경향은 보이지 않는다. 오히려 빈부 격차를 더 심하게 하고 생존경쟁을 더 치열하게 만들고 있다. … 거대한 부의 축적 속에서 사람들이 굶주리고 있으며 갓난아이들은 나오지도 않는 엄마의 젖을 빨고 있다."

물론 헨리 조지는 물질적 부의 진보가 사회 전체적으로 보다 안락한 삶을 가능하게 해준다는 사실은 인정합니다. 하지만 이 안락함이 특정한 계층의 사람에게만 한정된다고 말합니다. 특히 빈곤층은 전혀 영향을 받지 못할 뿐 아니라 오히려 더 안 좋은 상태를 강요받는다고 주장했죠. 그는 부유층과 빈곤층 사이 어느 특정한 단계를 기준으로, 그 기준보다 상위 계층은 국가가 부자가 되면 같이 부자가 되는데 그 아래 계층은 국가는 부유해져도 개인은 가난해진다는 사실을 밝혀냈죠. 헨리 조지가 살던 시대와 지금은 여러 환경이 다른 것은 사실이지만 최근 세계적으로 '부자 1% 대 가난한 사람 99%'라는 구호가 유행하는 것에서 알 수 있듯이 아직까지도 그의 진단이 유효한 대목이 있는 것도 사실이죠.

헨리 조지는 이처럼 사회가 발전해서 생산력이 크게 늘어남에도 불구하고 극심한 빈곤이 사라지지 않는 원인을 '토지의 사유'에서 찾았습니다. 재화나 서비스는 노동과 자본이 결합해서 생산해냅니다. 인간의 노동이 개입하지 않고는 재화나 서비스가 생산되지 않겠죠. 요즘은 인공지능, 로봇 등으로 인해 인간 없는 무인공장도 만들어지고 있긴 합니다. 그런데 노동과 자본이 재화를 생산할 때 토지가 필요합니다. 토지의 주인이 생산에 직접 기여한 바도 없으면서 지대를 받는 까닭입니다. 이런 소득을 많은 경제학자들이 불로소득이라고 합니다.

헨리 조지는 기본적으로 토지의 사유를 반대했습니다. 그러나 이미 토지 사유제가 정착된 곳에서는 국가에서 몰수한다는 것은 사실상 불가능하죠. 헨리 조지는 대안으로 세금을 매기는 방안을 제시했죠. 헨리 조지는 나라의 부가 증가하고 생산력이 커지는데 임금이 안 오르고 가난한 사람이 더 고생하는 이유는 토지가 독점돼 있기 때문이라고 주장했습니다. 진단이 어떻게 내려졌는지 알면 대안이 뭔지도 짐작할 수 있겠죠? 그는 『진보와 빈곤』에서 이렇게 말했죠. "부의 불평등한 분배에 대한 유일한 해결책은 토지를 공동 소유로 하는 데 있다는 결론이 필연적으로 도출된다."

헨리 조지는 토지 공동 소유가 유일한 해결책인 것은 너무도 명백하지만, 공동 소유를 거부하는 사람들과 공동 소유에는 동의하지만 현실 적용이 어렵다고 주장하는 사람들의 반대에도 대비해야 한다고 말했죠. 정의에 입각해야 한다는 '원칙' 외에 적용 가능성이라는 '현실'도 감안해야 한다는 말이죠.

"내가 주장하는 것은 사유 토지의 매수도 몰수도 아니다. 매수는 정의롭지 못한 방법이고 몰수는 지나친 방법이다. 현재 토지를 보유하고 있는 사람은 그대로 토지를 가지게 한다. 각자 보유하는 토지를 지금처럼 '내 땅'이라고 불러도 좋다. 토지 매매도 허용하고, 상속도 하도록 한다. 속알만 얻으면 껍질은 지주에게 주어도 좋다. 토시를 몰수할 필요는 없고 단지 지대만 환수하면 된다."

헨리 조지는 이처럼 지대를 모두 조세로 징수하자고 제안했습니다. 토지 가치 이외의 대상에 부과하는 모든 조세를 철폐하자는 주장이죠. 헨리 조지가 제안한 세금을 토지 단일세라고 부르는 이유이기도 합니다. 아담 스미스의 자본주의가 자본과 토지의 사유를 인정하는 체제라면, 마르크스의 사회주의는 자본과 토지의 공유를 인정하는 체제입니다. 이에 비해 헨리 조지는 자본의 사유는 인정하면서 토지 사유는 인정하지 않은 셈이죠. 그래서 어떤 학자들은 헨리 조지의 사상이 자본주의와 사회주의의 단점을 통합해서 더 나은 체제로 갈 수 있는 대안이라고 주장하기도 하죠.

헨리 조지의 이 같은 생각은 세계적으로 많은 정치인들과 경제학자들에게 영감을 주었고 일부 국가에서는 헨리 조지의 사상을 정책으로 구체화하려는 노력을 보이기도 했습니다. 토지공개념에 입각한 정책도 이런 맥락에서 이해할 수 있습니다.

하지만 또 적지 않은 사람들이 헨리 조지의 주장이 현실성이 없는 정책이고 시장 경제에 맞지 않는 원칙이라며 비판하고 있습니다. 사유재산권은 절대 훼손돼서는 안 된다는 점, 정부가 과도하게 개입할 경우 부동산 시장을 위축시킬 수 있다는 점을 들어 반대하고 있습니다. 우리가 이 책을 시작하면서 설명한 뿌리 깊은 논쟁이 지금까지 진행되고 있다는 걸 알 수 있습니다. 공공재를 둘러싼 논쟁, 민영화를 둘러싼 논쟁, 시장의 역할과 정부의 역할 평가를 둘러싼 논쟁은 여전히 진행 중이니까요.

2부

상품으로
볼 것인가
기본권으로
볼 것인가

．
．
．

　지금까지 우리는 주요 공공재의 민영화와 공공성 강화를 둘러싼 논쟁과 부문별 현황을 살펴봤습니다. 민영화를 찬성하는 사람들은 '모든 상품과 서비스는 시장에 맡겨서 경쟁하도록 해야 질이 좋아지고 가격도 떨어진다'는 주장을 하고 있다는 점을 알았습니다. 반면 민영화에 반대하는 사람들은 '정부가 나서서 합리적 규제를 하는 것이 이윤을 최고 목적으로 하는 민간 사기업에 맡기는 것보다 바람직하다'는 주장을 하고 있죠. 이런 논쟁은 사실 어제오늘의 일이 아닙니다. 21세기는 사실상 자본주의 체제가 세상을 지배하고 있습니다. 자본주의는 10만 년 이상 되는 현생 인류 역사에서 보면 아주 최근에 생긴 체제입니다. 자본주의는, 개인의 이기심을 기초로 한 경쟁과 정부 개입이 없는 개인(또는 기업)의 경쟁이 사회와 국가의 부를 증대시킨다는 철학에 기초하고 있습니다. 하지만 자본주의는 빈부 격차의 심화, 자원의 낭비, 주기적 불황의 도래 등 심각한 문제점도 가지고 있죠. 실제로 자본주의 국가들은 이런 부작용을 겪고 있습니다. 이에 대한 대안으로 자본주의를 확 뜯어고쳐야 된다는 주장과 자본주의를 새로운 체제, 예컨대 사회주의로 대체해야 한다는 주장이 등장했습니다.

　20세기 100년 동안 세계는 자본주의 국가와 사회주의 국가로 갈라져서 싸우고 경쟁했습니다. 소련과 대부분의 동유럽 국가 그리고 중국

등이 채택했던 사회주의 체제는 사실상 모두 사라졌습니다. 현실 사회주의는 붕괴됐다고 볼 수 있죠. 하지만 사회주의 국가가 몰락했다고 해서 자본주의 체제의 문제점이 사라진 것은 아닙니다.

2부에서는 민영화 논쟁의 밑바닥에 깔려 있는 철학과 세계관을 살펴볼 것입니다. '인간을 어떻게 볼 것인가, 사회와 국가를 어떻게 볼 것인가, 시장 경제를 어떻게 볼 것인가'라는 묵직한 주제가 민영화 논쟁의 뿌리를 이루고 있습니다. 그리고 이 같은 논쟁은 논쟁으로 끝나지 않고 우리가 사는 지금 여기를 어떤 사회와 국가로 만들 것인지에 대한 구체적 정책과 직접 연결됩니다. 자, 이제부터 만만치는 않지만 흥미로운 이 주제 속으로 함께 들어가 볼까요?

01 천사와 악마

나는 천사일까? 악마일까?

질문 하나 할게요. 이 책을 읽는 여러분은 착한 사람인가요? 나쁜 사람인가요? 뜬금없는 질문 같지만 한번 곰곰이 생각해 보세요. 만약 선생님께서 '인간은 착한 동물인가? 악한 동물인가?' 이런 시험문제를 냈다면 여러분은 어떻게 답을 쓰겠습니까? 대학 입시 논술 시험에는 인간의 본성을 묻는 문제가 종종 나오기도 합니다. 만약 여러분이 이 질문에 답을 했다면 그 답의 근거는 뭔가요? 나를 기준으로 한 건가요? 친구나 주변 사람을 겪어 보니까 그렇다는 건가요? 누구를 기준으로 해도 선뜻 답을 말하기 어렵겠죠? 네, 너무 당연합니다. 사실 위대한 철학자로 칭송받는 이들도 인류 역사가 시작된 이후 지난 수천 년 동안 인간의 본성이 무엇인지, 인간은 선한 동물인지, 악한 동물인지, 이런 문제를 놓고 끊임없이 탐구해 왔습니다. 때로는 논쟁도 했죠. 인간 본성에 대한 주장이나 이론은 여러 가지가 있습니다. 인간은 본래 착하다고 주장하는 성선설이 있고, 악하다고 주장하는 성악설이 있죠. 이성이 중심이라는 주장도 있고, 감정이 우선한다는 이론도 있습니다. 본성이라는 것은 없다고 주장하는 이들도 있지요.

여러분은 아마 영국의 철학자이자 정치학자인 토머스 홉스의 이름을 들어봤을 겁니다. 그는 인간이 자연 상태에 있을 때는 자기 보존을 위한 이기심 때문에 서로 물어뜯고 싸워서 공멸할 것이라고 주장했습니다. 홉스가 '만인에 대한 만인의 투쟁'이라는 저 유명한 구절을 만들어 낸 배경이죠. 사람의 본성은 서로를 배려하며 함께 공존하는 것과는 거리가 멀다는 생각이죠. 홉스가 이렇게 생각했다고 해서 그가 인간의 본성은 악하다고 주장한 것은 아닙니다. 그는 인간은 신체나 정신 능력이 거의 비슷비슷하게 태어났다고 말하죠. 이런 인간들이 자기의 생존을 위해서 공멸의 위험을 무릅쓰고 경쟁자인 다른 인간들과 투쟁할 수밖에 없다는 겁니다.

홉스는 이런 살벌한 전쟁판을 막기 위해 절대 권력을 가진 공공의 힘, 즉 '국가'가 필요하다고 말했습니다. 사람들은 만인의 이전투구 전쟁판으로부터 자신의 생명을 보존하고 행복한 삶을 보장받기 위해 자신의 주권을 국가에 맡겼습니다. 국가는 모든 개인에게서 양도받은 절대적 권력을 바탕으로 개인과 사회의 평화를 유지하고 나라 바깥에 있는 적의 공격을 방어하는 역할을 합니다. 홉스가 국가를 '만인에 대한 만인의 계약'에 의해 설립된 제도라고 말하는 이유입니다. 그러나 만인의 투쟁을 막아 주고 행복한 삶을 지켜 주기 위해 만들어진 홉스의 국가는 국민들 위에 절대 권력자로 군림하는 괴물이 되고 말았죠. 인간론과 국가론에 관한 고전의 반열에 오른 그의 유명한 책 제목인 『리바이어던』은 성경에 나오는 신화 속의 '괴물'을 뜻하는 말입니다.

여러분은 어떻게 생각하나요? 이 말에 동의하나요? 교과서에 나오는 사람들은 대부분 높은 학식과 경륜을 가진 사람들이에요. 하지만 그렇다고 해서 우리가 주체적으로 생각도 하지 않고 그들을 맹신하면 안 되겠죠?

원시시대 인간이 홉스의 말처럼 이기적이기만 했다면 과연 맹수들과 혹독한 자연환경에 적응하고 이를 극복할 수 있었을까요? 오히려 이기적 본성보다는 이타심과 협동심 덕분에 인간이 살아남을 수 있었고 끝내 이들보다 우위에 있는 생명체가 될 수 있었던 게 아닐까요? 최근 진화심리학이나 인류학을 연구한 학자들이 이런 사실을 밝혀내고 있습니다.

인간 본성이 이기적이고 경쟁적이기 때문에 이 본성에 충실하게 사회 제도를 만들면, 즉 이기적 본성이 최대한 발휘될 수 있도록 사회 제도를 만들면 국가의 부도 증가한다는 주장이 있습니다. 이런 생각은 국가나 정부는 개인과 기업의 경제활동에 간섭하지 말고 시장에 맡겨야 한다는 이론으로 이어지죠. 이런 생각은 민영화 이론의 근거가 됐습니다. 근대 경제학의 창시자로 불리는 아담 스미스가 이런 주장을 했습니다.

이와는 달리, 인간이 발전적으로 진화한 것은 경쟁 못지않게 협동의 힘이 작용한 덕분이며 따라서 사회 제도도 협동을 바탕으로 설계하고 운영해야 한다는 입장이 있습니다. 특히 인간의 기본적 권리인 의료, 교육, 주거 같은 분야는 경쟁 중심의 시장 경제보다 국가와 정부가 주도하는 공적 기구를 통해 해결돼야 한다는 것이죠. 경쟁보다 협동의 철학이 반영된 제도입니다. 민영화 반대의 근거가 되는 입장이죠. 공기업 민영화와 관련된 논란도 이런 철학적 문제와 연결돼 있습니다.

"이게 나라냐?" 외쳤던 까닭은?

이제 퀴즈 하나 낼게요. 다음 단어들의 공통점은 무엇일까요?

국가, 자동차, 스마트폰, 경제학, 클래시 로얄,

철도, 인간, 사회주의, 프로야구, 민영화

이 퀴즈 역시 뜬금없긴 하지만 한번 맞혀 보세요. 너무 동떨어진 뜻을 가진 것들이라서 공통점을 찾기가 쉽지 않을 겁니다. 하지만 공통점은 있어요. 과연 무엇일까요?

정답은 '사람이 만든 것'이라는 점입니다. 좀 썰렁하죠? 하지만 위에서 말한 10가지 모두 사람이 만든 것이라는 사실을 확인하고 넘어가는 것은 중요합니다. 사람이 자동차를 만드는 것에 대해 찬반을 다툴 일은 없습니다. 자동차를 만들면 된다, 안 된다, 이런 싸움이 일어날 이유가 없을 테니 말입니다. 스마트폰이나 철도도 마찬가지입니다. 만들면 된다, 안 된다, 설치하면 된다, 안 된다, 이런 논쟁이 생겨날 이유가 없습니다. 사람들의 삶에 필요한 재화들이기 때문입니다.

그런데 사람이 만들기는 했지만 잘못 만들었다고 비판받는 것도 있습니다. 물론 칭찬받는 것도 있지요. 자본주의, 사회주의, 민영화 같은 게 그런 경우입니다. 어떤 사람은 사회주의가 나쁜 사회 체제이기 때문에 없어져야 한다고 주장합니다. 또 다른 사람들은 사회주의는 빈부 격차, 환경 파괴, 자원 낭비 등을 가져오는 자본주의를 대신할 바람직한 체제라고 믿습니다. 이들에게는 자본주의야말로 없애거나 고쳐 써야 하는, 문제가 많은 체제입니다.

민영화도 마찬가지입니다. 어떤 사람들은 모든 재화와 서비스는 시장을 통해서 공급하는 것이 가장 효율적이고 사회적으로도 이익을 극대화하는 길이라고 믿습니다. 이런 믿음을 가진 사람들은 정부나 공공기관이 운영하는 기업은 비효율적이고 세금만 낭비하는 조직일 뿐이라고 주장합니다.

인간에 대한 철학이 다양한 사회 제도를 만드는 밑바탕이 될 수 있다고 말했습니다. 마찬가지로 국가나 정부를 어떻게 볼 것인가에 대한 입장의 차이가 민영화를 바라보는 입장의 차이로 연결됩니다. 경제활동은 시장 중심으로 이뤄져야 하며 정부가 간섭하면 안 된다고 주장하는 경제학자들은, 정부는 단지 치안이나 국방에만 신경 쓰고 자유로운 경쟁과 사유재산을 보장해 주는 역할만 해야 한다고 말하죠. 이런 나라를 '야경국가'라고 부르기도 합니다. 하지만 시장경제 체제에서 말하는 자유는 정치적 의미의 자유와는 조금 다릅니다. 시장의 자유는 1원 1표를 기본으로 하고 있습니다. 우리가 투표할 때 적용되는 1인 1표와 다릅니다. 시장에서는 돈이 많은 사람, 주식을 많이 가진 사람의 발언권이 강해질 수밖에 없습니다. 시장에서 자유가 무제한 보장되면 큰 부자와 대기업 중심의 사회 질서가 만들어질 수밖에 없는 이유입니다. 사람보다 돈이 발언을 하게 되기 때문이죠.

이처럼 1원 1표가 기본인 자유는 소득 불균형, 빈부 격차 심화를 가져옵니다. 공동체의 삶보다 대자본가들의 이윤이 더 중요하게 취급받게 되죠. 부자는 점점 더 부자가 되고 가난한 사람은 점점 더 가난하게 됩니다. 개인의 노력으로 이를 벗어나기에는 한계가 있습니다. 시장의 자유를 무제한 보장했을 때는 시민 공동체가 깨질 정도로 심각한 사회적 문제가 발생하죠. 이 문제를 해결하기 위해 국가가 적극 나서야 된다는 이론과 주장이 나오게 됐습니다. 정부가 나서서 세금 정책, 임금 정책, 부동산 정책을 통해 빈부 격차를 줄이는 등 경제 사회 문제를 풀어야 한다는 이론과 주장입니다. 이런 입장은 '복지국가'를 강조하는 이론의 바탕이 됩니다. 국가에 대한 서로 다른 이론과 견해가 민영화에 대한 서로 다른 주장으로 이어지는 것은 당연한 일입니다.

이 세상에 존재하는 다양한 사회 체제나 제도의 밑바닥에는 인간과 국가를 어떻게 볼 것인가 하는 철학적 원칙이 깔려 있다는 점을 간단하게 살펴봤습니다. 어떤 나라를 만들 것인가, 어떤 사회를 만들 것인가, 하는 문제는 이제 주권을 가지고 있는 모든 국민들의 의견과 토론, 여론, 투표 그리고 때로는 촛불 시위처럼 힘을 통해서 결정됩니다. 물론 전문가들의 의견도 존중해야겠죠. 좋은 나라, 좋은 사회를 만들려면 좋은 의견이 있어야 하고 좋은 행동이 있어야 합니다. 이 책의 주제인 민영화도 찬반이 첨예하게 나뉜 사회적 의제입니다. 그리고 이 문제는 어른들만의 문제가 아니고 아이들과 10대 청소년, 국민 모두의 삶에 영향을 주는 문제입니다.

02 아담 스미스의 착각?

주류 경제학에 파문을 던진 실험

여러분이 모르는 사람과 함께 길을 걷다가 현금 10만 원을 주웠다고 가정해 보죠. 그런데 여러분은 옆 사람에게 그 돈의 일부를 나눠줘야 합니다. 얼마를 줄지는 여러분이 결정합니다. 다만 조건이 하나 있어요. 여러분이 나눠준 돈을 옆 사람이 받지 않을 경우, 두 명 모두 돈을 한 푼도 가져갈 수 없게 됩니다. 여러분이라면 얼마를 나눠주겠습니까? 5만 원 이상 줄 수도 있을까요? 겨우 100원만 줄 수도 있나요?

만약 여러분이 나눠주는 쪽이 아니라 받는 사람 입장이라고 생각해 볼 수도 있습니다. 여러분이라면 그 사람이 얼마를 주더라도 고마운 마음으로 그 돈을 받겠습니까? 5만 원을 주면 받겠죠? 만약 100원을 주면 어떻게 할 것 같아요? 마음속으로 '나'라면 얼마를 줄 것 같은지, 상대가 얼마 이하를 주면 안 받을 것 같은지, 한번 생각해 봐요.

재미있고 간단한 것 같은 이 게임의 결과는 경제학의 역사에 파문을 던졌습니다. 이 실험은 '과연 인간은 자신의 이익만 챙기는 이기적인 동물인가' 여부를 따져 보기 위해 독일의 경제학자들이 고안한 것입니다. 첫 실험 결과에 놀란 전 세계의 경제학자, 심리학자, 인류학자들이 여러 종류의 사람들을 대상으로 유사한 실험을 했습니다. 실험 대상은 대학생부터 원시 부족 형태로 살고 있는 아프리카, 남미, 아시아 지역의 원주민까지 다양했습니다. 심지어는 인간이 아닌 침팬지까지 이 실험의 참가자가 되기도 했죠.

연구자들이 이처럼 다양한 대상을 상대로 지속적으로 실험한 결과가 궁금하지 않나요? 수많은 실험 결과를 보면 사람들은 통상적으로 4만~5만 원을 주는 것으로 나타났습니다. 물론 이보다 적게 준 사람도 있었지만 평균적으로 그렇다는 겁니다. 그런데 흥미로운 것은 보통 2만 원 이하를 제시했을 때 받는 사람은 그 돈을 안 받겠다며 거부한 것으로 나타났어요.

기존 경제학의 전제인 '인간은 이기적이며 경제적으로 합리적 존재'라는 관점에서라면 어떤 결과가 나왔어야 할까요? 경제학에서 말하는 합리적 인간이란 비용과 편익을 꼼꼼하게 따져 자신의 이익을 극대화하는 '이기적 행위자'를 의미합니다. 이런 경제적 인간을 상정하면, 주는 사람 쪽에서는 최대한 적게 주려 할 것이고 받는 사람 쪽에서는 100원이라도 받으면 그렇지 않은 것보다 이익이니까 받아들여야 할 것입니다. 하지만 현실에서는 그렇지 않았습니다.

우리는 여기서 두 가지 주목할 만한 사실을 알 수 있습니다. 인간은 자기만 생각하는 이기적 동물이 아니며, '공평'이라는 가치를 중시한다는 점이죠. 자기에게 생긴 돈의 절반 가까이를 함께 있는 사람과 나누는 것을 보면 인간은 이기적이라기보다 호혜적이라고 할 수 있겠지요. 5,000원이든 1만 원이든 없는 것보다 나을 텐데 분배 격차가 심하다고 판단할 때 이득을 포기하면서까지 이의를 제기하는 것에서, 사람들이 공평이라는 가치가 훼손되는 것에 저항한다는 것을 알 수 있습니다. 돈을 포기한다는 것은 공평이나 형평성의 가치를 중요하게 생각한다는 전과 함께 그런 가치를 따르지 않는 사람(돈을 준 사람)에게는 자기 몫을 포기하면서까지 징계하겠다는 의지를 보여준 것입니다. 자기만 많이 가지려고 하다가는 한 푼도 챙길 수 없다는 사실을 분명히 한 셈이죠.

홉스나 아담 스미스는 인간은 이기적인 동물이라는 것을 전제하고 자신들의 정치학(국가론)이나 경제학을 펼쳐나갔습니다. 특히 '근대 경제학의 시조' '자본주의의 아버지'로 불리는 아담 스미스의 경제학 이론의 출발점이 바로 이기적 인간이었습니다. 그런데 이 실험의 결과는 300년 가까이 자본주의 경제학을 지탱해 오던 기본 가정을 무너뜨린 강력한 한 방이었던 것입니다.

이 실험을 학자들은 '최후통첩 게임'이라고 불러요. 이렇게 인간의 행동을 심리학·사회학적으로 분석하고 이를 토대로 경제 현상을 연구하는 학문을 행동경제학이라고 하죠. 행동경제학은 게임이론과 진화생물학, 심리학 같은 분야를 경제 분야에 접목시켜 연구하는 학문으로, 비교적 최근에 등장한 경제학이에요. 행동경제학의 성과는 이처럼 인간이 이기적이고 경제적 합리성만 추구하는 동물이 아니라는 것을 증명한 것입니다.

이 실험의 흥미로운 결과 몇 가지를 소개하겠습니다. 방금 침팬지도 실험 대상이 됐다고 했는데 그 결과는 어땠을까요? 놀랍게도 침팬지는 인간보다 '합리적'인 동물인 것으로 밝혀졌습니다. 침팬지는 분배의 공정성이나 공평성에 별로 신경을 쓰지 않았습니다. 위 실험을 예로 든다면 침팬지는 100원이든 500원이든 주는 대로 받았어요. 공평이라는 사회적 가치보다 자신의 이익이라는 이기적 가치를 중시했다는 점에서 적어도 경제적 측면에서 볼 때 침팬지는 인간보다 더 합리적이라는 이야기가 되는군요.

일본의 한 고등학교에서 진행한 실험 결과도 재미있습니다. 고등학교 3학년 학생 133명을 대상으로 실험을 했습니다. 남학생 49명, 여학생 84명이었죠. 학생들은 짝을 만들었고 선생님은 그중 한 학생에게 1만 원을 주었습니다. 돈을 준 학생(제안자)은 평균 5,000원을 주었습니다. 받는 학생(응답자)들은 대부분 3,000원 이하면 거부했습니다. 같은 실험에서 미국 고등학생의 경우 제안자가 제시한 평균 금액이 2,500원이었다고 합니다. 돈을 받는 사람이 전혀 모르는 사람인 경우와 같은 학교 친구들인 경우, 제안한 금액이 좀 다를 수 있을 것 같죠? 이 실험에 참가한 한 일본 학생은 이런 말을 했다고 합니다.

"조금은 머리를 써야 했어요. 나만 생각할수록(이기적일수록) 상대방을 설득할 수 없었고, 내 몫이 적으면 거부하고 싶어졌어요. 공정성이라는 것이 굉장히 중요하다고 생각해요. 정당한 행동을 하지 않으면 장사가 잘 안 될 것 같다는 걸 깨달았어요."

여러분 중 몇몇은 아마 이런 생각을 할 수도 있습니다. '최후통첩 게임'은 내가 건네준 돈을 상대방이 받지 않으면 나 역시 한 푼도 못 받기 때문에, 그것을 감안한 나의 이기적 계산이 작용한 것이라고요. 맞습니다. 그럴 수도 있죠. 이론을 만드는 학자들이 이런 대목을 그냥 넘어갈 리가 없죠.

그래서 나온 것이 '독재자 게임'입니다. 이 게임은 최후통첩 게임과 룰이 같습니다. 한 가지만 빼고요. 이번에는 제안자가 제시한 금액을 응답자가 거부할 수 없게 했습니다. 1원을 주든 10원을 주든 받아야 합니다. 그러니까 제안자는 응답자의 반응에 신경 쓸 이유가 없는 것이죠. 독재자 게임의 결과는 어떻게 나왔을까요? 여러분이라면 얼마를 건네줄 건가요?

이 실험 결과 제안자는 평균 2만~3만 원을 상대방에게 준 것으로 나타났습니다. 최후통첩 게임보다는 액수가 낮아졌지만 오로지 자기 이익만 챙기진 않는다는 결과가 여기에서도 확인된 것입니다. 이 두 가지 실험을 통해 우리는 인간이 이기적이기만 한 동물이 아니라는 사실을 알게 됐습니다.

최후통첩 게임 실험에서 흥미롭고 주목할 만한 결과가 하나 있습니다. 경제학과나 경영학과를 다닌 학생들이 다른 전공을 한 학생이나 일반인보다 더 낮은 액수를 제시했고, 더 낮은 액수를 받아들였다는 사실입니다. 왜 그럴까요? 이들이 배우는 경제학, 경영학에서는 '인간은 이기적'이라는 이론을 학문의 중요한 전제로 하고 있으며, 이런 교육을 지속적으로 받아왔기 때문이 아닐까요? 인간의 성품이나 속성이 타고난 부분도 있지만, 교육 같은 사회적 환경에도 적지 않은 영향을 받는다는 것을 알 수 있을 겁니다.

아담 스미스에 대한 이해와 오해

이제 인간의 이기심이 사회와 국가의 부를 증진한다고 주장한 아담 스미스의 생각에 대해 알아볼 때가 됐습니다. 그는 근대 경제학의 출발점이며, 그의 경제 이론은 현재까지도 강력한 영향력을 행사하고 있습니다. 아담 스미스 하면 떠오르는 책은 『국부론』일 겁니다. 근대 경제학의 탄생을 알리는 고전이 된 책이죠. 이 책은 1776년에 출간됐습니다. 이 시기 유럽은 중세 봉건제후국가와 절대왕정을 지나고 근대 자본주의와 민주주의가 싹트던 시기입니다. 세계 3대 시민혁명이라 불리는 영국의 명예혁명(1689년), 미국의 독립선언(1776년), 프랑스혁명(1789년)이 바로 이 시기에 발생한 사건이지요. 1776년은 한반도에서 조선 후기 계몽 군주였던 정조 임금이 즉위한 해입니다.

아담 스미스가 『국부론』에서 주장하는 이론은 현대인에게는 상식에 속하는 것들이 됐습니다. 하지만 책이 출간된 당시에는 혁명적인 주장이었습니다. 그때만 해도 위정자들은 한 나라의 부는 장사를 잘해서 당시 화폐 역할을 하던 금과 은을 나라 창고에 많이 쌓아 놓는 것이라고 생각했습니다. 이런 생각을 좀 어려운 말로 '중상주의'라고 하죠. 외국에 수출을 많이 하고 수입은 적게 하는 것이 국가의 핵심 정책이 되는 것입니다. 국가 간 상업, 즉 무역을 중시하는 것이죠. 국가의 부가 쌓이려면 수출은 많이 하되 수입은 될수록 적게 해야 합니다. 따라서 국가는 수입을 어렵게 하기 위해 수입 물품에 대한 세금인 관세를 높게 매기는 정책을 씁니다. 하지만 한 국가가 고율의 관세를 매기면 다른 나라는 가만히 있을까요? 국가 간 이런 경쟁은 세계적인 보호무역주의를 가져왔고, 국내에서도 지역 간의 재화 이동을 어렵게 만들었습니다. 아담 스미스는 이런 생각이 틀린 것이라는 사실을 이 책에서 강조합니다. 관세라든지 다양한 형태의 무역 장벽을 쌓지 말고 오히려 자유로운 교환, 거래를 보장할 때 수출하는 국가나 수입하는 국가 모두에게 이득이 된다고 주장했죠. 보호무역보다 자유무역이 국부 증진에 도움이 된다는 이론입니다. 이처럼 아담 스미스가 『국부론』에서 주장한 이론은 당시의 상식을 깨고 경제적 사고의 새로운 지평을 열었습니다. 그가 주장한 내용 중 많은 부분이 200년이 훌쩍 넘은 지금까지도 자본주의 주류 경제학에 그대로 적용되고 있습니다.

아담 스미스의 주장은, 국가의 부는 장사를 잘하는 것을 통해서가 아니라 좋은 물건을 많이 만드는 것을 통해 이룰 수 있다는 것이죠. 즉 나라의 부는 제조업과 농업 분야의 생산량이 많아질수록 증가한다는 겁니다. 그 나라 국민들이 공장에서, 농장에서, 각각의 생업 현장에서 만들어 낸 재화와 용역의 총량이 바로 나라의 재산, 국부라는 말입니다. 물론 무역을 통해서도 부를 증진시킬 수 있습니다. 제조업과 농업이 중심이 된 국부는 우리가 요즘 자주 쓰는 경제 지표인 GDP(국내총생산량) 개념과 같은 의미죠. 국가가 세금의 일종인 관세 같은 수단으로 무역을 막지 말고 판매자와 구매자의 자유로운 거래를 보장해야 한다는 주장이기도 합니다.

아담 스미스는 제조업 중심의 국부, 자유로운 무역과 거래의 중요성을 강조하면서 제조업 생산성의 증가를 위한 분업, 전문화를 강조했습니다. 아담 스미스는 『국부론』에서 "노동생산력을 최대로 개선, 증진하는 것은, 그리고 노동을 할 때 발휘되는 대부분의 기능, 숙련, 판단은 분업의 결과인 것 같다"고 말했습니다. 이 사실을 확인하기 위해 아담 스미스는 당시 영국에 있는 핀 만드는 공장을 관찰했습니다. 그는 작은 핀을 하나 만드는 데 18개 공정을 거친다는 걸 알았죠. 그는 만약에 한 사람이 핀을 만들 경우 하루에 20개도 못 만들지만 여러 명이 나눠서 분업을 하면 훨씬 많은 핀을 생산할 수 있을 것이라고 말했어요. 그는 실제로 찾아가 본 공장의 사례를 들었습니다. 10명의 노동자들이 일하는 작은 공장이었습니다. 18개 공정을 거쳐야 하기 때문에 몇 명은 두세 공정을 함께 담당해야 했지요. 그럼에도 그들은 하루에 48,000개 이상의 핀을 만들었다고 합니다. 한 사람이 4,800개 이상의 핀을 만든 셈입니다. 즉, 작업 공정을 잘게 쪼개 나누고 각 공정에 특화된 노동자들이 분업을 했을 때 생산력은 비약적으로 늘어난다는 것입니다. 일하는 노동자가 18명이었으면 48,000개보다 훨씬 많은 핀을 만들었겠죠.

인간은 왜 분업이라는 것을 하게 됐을까요? 아담 스미스는 인류가 재화의 생산량을 늘려서 풍족한 사회를 만들기 위해 분업을 선택한 것은 아니라고 주장합니다. 그러니까 인간이 가지고 있는 어떤 종류의 협동심 때문이 아니라는 것이죠. 분업은 인간이 가진 본성인 '교환을 하려는 속성' 때문에 생겼다는 것입니다. 원시사회를 예로 들어 설명해 볼게요.

수렵과 채취를 하며 살던 어느 원시 부족에서 어떤 사람은 활과 화살을 다른 사람보다 잘 만듭니다. 솜씨가 너무 뛰어나 사람들은 그 사람이 만든 활과 화살을 좋아하게 됐습니다. 그러자 활 만드는 사람은 사냥에 가지 않고 자기가 잘 만드는 것만 만들어서 그것을 사냥에서 잡아온 고기와 교환을 하게 되죠. 이처럼 어떤 사람은 무기를 잘 만들고 다른 사람은 움막집을 잘 만든다고 가정하면, 서로가 '자기 자신의 이익'을 고려해서 분업을 하게 된다는 말입니다. 인간이 가지고 있는 교환하려는 속성이 이기심에 의해 더 촉발돼 분업을 하게 된다는 말이죠. 개인과 기업 등 경제 주체의 자유로운 교환이 이뤄지는 곳이 시장입니다. 여기서 우리는 『국부론』에서 가장 유명한 구절 중 하나를 읽어보고 넘어가기로 하죠.

"우리가 매일 식사를 마련할 수 있는 것은 푸줏간 주인과 양조장 주인, 그리고 빵집 주인의 자비심 때문이 아니라, 그들 자신의 이익을 위한 그들의 고려 때문이다. 우리는 그들의 자비심에 호소하지 않고 그들의 자애심에 호소하며, 그들에게 우리 자신의 필요를 말하지 않고 그들에게 유리함을 말한다. 거지 이외에는 아무도 전적으로 동포들의 자비심에만 의지해서 살아가려고 하지 않는다.”

여기서 자비심과 자애심이라는 단어에 주목할 필요가 있어요. 자비심은 남을 위하는 마음, 이타적 감정을 말하는 것입니다. 자애심은 자기를 사랑하고 위하는 마음, 이기적 감정을 말하는 것이죠. “내가 원하는 것을 나에게 주시오. 그러면 당신이 원하는 것을 가지게 될 것이오.” 이처럼 서로가 가지고 있는 자기 이해에 바탕을 둔 이기심이 인간의 경제적 활동을 받쳐주는 토대라는 것이 아담 스미스의 생각이었죠. 이기심이야말로 세상을 움직이는 기본 동력이라고 본 것입니다. 행동경제학의 연구 결과와는 다른 주장인 것 같죠?

아담 스미스는, 인간들은 이런 이기심과 함께 ‘거래와 교환’이라는 보편적인 본성을 가지고 있는데 이 같은 본성이 분업을 가능하게 했다고 생각했어요. 분업을 통해 생산성을 증진시키고, 이런 과정을 통해 만들어진 생산물을 개인 간, 산업 간, 국가 간에 자유롭게 거래·교환함으로써 개인과 사회 그리고 국가의 ‘부’가 늘어난다는 것이 아담 스미스 사상의 핵심이죠. 따라서 국가는 자유로운 거래·교환이 이뤄지는 시장에 개입하지 말아야 한다고 주장했습니다. 이게 아담 스미스가 주장한 ‘자유방임주의’의 내용입니다. 시장에 참견하지 말고 그냥 내버려두라는 뜻입니다. 그리고 이것은 현대 자본주의 경제학의 기본 원리가 돼 있으며, 민영화 찬성 이론의 밑바탕에 깔려 있는 철학이 됐지요. 아담 스미스를 '자본주의의 아버지'라고 부르는 이유이기도 합니다. 자본주의는 개인과 기업이 시장에서 국가나 정부의 개입 없이 자유로운 경쟁을 함으로써 자원이 효율적으로 분배되고 생산력과 생산성이 증진된다는 이론에 바탕을 둔 사회경제 체제입니다.

정리하자면 아담 스미스 경제학의 핵심은 이기적 인간들의 분업에 의한 생산력 증대, 개인이나 회사 그리고 국가 간에 자유로운 거래와 교환이 이뤄지는 시장 경제, 시장에 대한 국가 개입의 최소화라고 말할 수 있어요.

그런데 우리가 행동경제학에서 살펴본 것처럼 인간은 이기적이기만 한 동물이 아닙니다. 아담 스미스는 잘못 알고 있었던 걸까요? 아니면 착각을 한 걸까요?

> "인간이 아무리 이기적인 존재라 할지라도 다른 사람의 운명에 관심을 갖게 하는 어떤 원칙이 인간의 본성에는 분명히 있다. 또 자신에게 아무런 이득이 없을지라도 다른 사람들을 행복하게 만들어 주고자 한다. 연민이나 동정심이 이런 종류의 본성에 속한다. 이것은 우리가 다른 사람의 고통을 보거나 생생하게 느낄 때 경험하는 감정이다. … 무도한 폭도와 가장 냉혹한 범죄자들에게도 이러한 동정심이 전혀 없는 것은 아니다."

누구의 말일까요? 아담 스미스 자신이 쓴 또 다른 책 『도덕감정론』의 첫 구절입니다. 한 구절만 더 소개할게요. 아담 스미스는 인간은 누구나 내면에 '공정한 관찰자'를 가지고 있다고 말합니다. 그 관찰자는 '우리 행동의 위대한 심판자이자 결정권자'입니다. 공정한 관찰자는 우리에게 이렇게 말합니다.

> "당신 역시 먼지처럼 많은 세상 사람들 중 하나일 뿐이다. 당신은 다른 사람보다 특별히 잘나지 않았다. 당신이 계속 그렇게 추잡스러우리만치 이기적으로 군다면, 분명 사람들의 분노와 혐오의 대상이 되고 말 것이다."

『국부론』에서 이기심과 사익의 추구가 사회적 부를 늘리는 기본 원칙이라고 했던 아담 스미스는 『도덕감정론』에서 연민, 동정심 같은 인간의 본성을 강조합니다. 자기 이익만 앞세우는 이기심과는 다른 것이죠. 이 같은 동정심은 사람들에게 이기적 행동을 자제시키고 사회적 조화의 중요성을 알게 만듭니다. 그렇다면 두 책에서 주장한 아담 스미스의 얘기들은 서로 모순이 아닐까요?

이런 모순에 대해 설명하는 몇 가지 논리가 있습니다. 우선 아담 스미스가 『국부론』에서 주장한 경제 체제는 '개인의 사적 이익만을 최고로 삼는 자본주의'가 아니라는 논리입니다. 영국의 아담스미스 연구소 소장인 경제학자 에이먼 버틀러는 이렇게 이야기합니다.

"아담 스미스는 국가의 후생(복지)과 특히 가난한 사람들의 후생을 상인들과 강자들의 특별 이익보다 더 중요하게 생각했다. 아담 스미스는 자유경쟁을 저해하려는 제조업자들과 이들을 도우려는 정부를 비난했다."

인간 본성에 내재한 이기심은 어떻게 보면 생명체로서의 자기보존을 위한 생존논리로 설명될 수도 있을 겁니다. 아담 스미스는 인간의 이런 본성을 토대로 하되 이타적 속성, 사회적 조화를 추구하는 마음, 타인에 공감하는 성품도 인간의 본성에 내재된 것이라고 이야기하고 있는 셈이죠. 아담 스미스는 이기적 본성을 이유로 사회적 갈등과 불화를 가져올 수 있는 과도한 이기심, 즉 '탐욕'까지 정당한 것으로 인정하지 않았다는 말입니다.

그렇다면 아담 스미스는 착각을 한 것이 아니지 않나요? 오히려 아담 스미스 말의 한쪽만 강조하면서 자본주의가 인간의 이기적 본성과 자유를 무제한적으로 인정한 것처럼 주장하는 사람들, 오로지 시장만이 최고라며 시장지상주의를 강조하는 사람들의 '의도적 착각'이 더 문제가 아닐까요?

아담 스미스의 모순을 설명하는 또 다른 논리는 이렇습니다. 아담 스미스가 『도덕감정론』에서 언급한 인간의 이타적 측면, 동정심, 공감 같은 개념을 『국부론』에서 거의 다루지 않았던 이유가 두 책에서 상정한 인간이 서로 다르다는 데 있다는 주장입니다. 『도덕감정론』에서는 가족이나 친척, 친구, 이웃 등 서로 가깝고 친밀한 관계망 속의 인간을 다룬 반면 『국부론』에서는 서로 생판 모르는 사람들, 분업과 교환이 이뤄지는 관계망 속에 있는 사람들의 행동을 다루고 있다는 것이죠. 가까운 사람들끼리는 이타심이라든지 동정심이 많이 작동하지만 서로 모르는 사이에서는 이기심이 더 중요하게 작용한다는 이야기입니다.

이에 대한 반론도 있습니다. 인류학자들의 연구에 따르면 현생 인류(호모 사피엔스) 탄생 훨씬 이전인 180만 년 전의 원시 인류 때부터 이미 협동의 흔적들이 보였다고 합니다. 인류 '최고의 무기'인 협력과 이타심이 이때부터 나타났다는 것이죠. 다른 동물들에게는 찾아볼 수 없는 능력입니다. 그리고 이 같은 인간의 속성은 초기 원시사회를 거치고 진화 과정을 겪으면서 보다 보편적인 인간의 속성이 됐다는 주장입니다. 이타심과 협동심, 동정심이 가깝고 친밀한 관계에서만 보이는 특성이 아니라 인간 종의 DNA에 박혀 있는 특질이라는 주장입니다. 사람들이 남을 위해 자신의 이익을 포기하고, 알지 못하는 사람이 위험에 처했을 때 도와주기도 하고, 더 나아가 알지 못하는 사람을 도운 착한 행위를 비밀에 부치는 행동은 이런 주장의 설득력을 높여주는 증거죠. 이 부분을 조금 더 깊이 따져볼까요?

"협동만이 인류를 구원할 것이다"

우리는 앞에서 홉스의 국가론을 살펴봤습니다. 홉스는 인간의 타고난 이기심 때문에 자연 상태에서는 '만인에 대한 만인의 투쟁'이라는 전쟁터가 된다고 했었죠. 이런 전쟁터 같은 인간 사회를 막기 위해 절대 권력을 가진 국가를 만들었다는 주장입니다. 아담 스미스가 이기심이 생산력도 높이고 국가의 부도 증가시키는 기본 동력이라고 한 것과는 대비되는 이론이죠.

만약에 홉스의 말처럼 인간이 자신 이외 모든 인간과 투쟁하는 관계였다면 국가가 만들어지기 전에 인류는 어떻게 생존했을까요? 힘도 약하고, 손톱 발톱도 약하고, 이빨도 날카롭지 않은, 털 없는 동물인 우리 인간이 어떻게 맹수들이 득시글대는 자연에서 살아남을 수 있었을까요? 그냥 살아남기만 한 게 아니라 다른 모든 생명체보다 우월한 지위를 누리게 됐을까요?

물론 인간은 이기적인 속성을 가지고 있습니다. 자기의 생존과 종족의 번식이 가장 우선이기 때문이죠. 자기중심적이고 경쟁자에게 적대적이고 심지어는 상대방을 속이면서까지 자기 이익을 챙기려고 합니다. 하지만 인간이 과연 이기적이기만 할까요? 최후통첩 게임이나 독재자 게임에서 알 수 있듯이, 또 인류학자들의 주장에서 확인할 수 있듯이 인간은 아주 오래전부터 이타심과 협동하는 힘을 타고났습니다.

실제 현실에서 봐도 인간은 타인을 위해 자기희생을 할 수 있는 생명체입니다. 인간뿐 아니라 이 세상에 있는 다른 생명체들도 이런 행동을 하는 경우가 많이 발견됩니다. 개미나 꿀벌은 협동과 자기희생적 행위를 하는 동물로 유명합니다. 미어캣도 자주 언급되는 동물입니다. 무리지어 생활하는 미어캣들 중에는 언제나 자신들의 보금자리인 굴을 지키는 보초 미어캣이 있습니다. 보초 미어캣은 자기를 잡아먹을 수 있는 경쟁자들의 접근을 미리 알기 위해 높은 곳에서 사방을 경계합니다. 무리를 위해 자기희생을 감수하고 보초를 서는 것이죠. 이외에도 상당수 동물들이 이타적인 본성을 보여주고 있습니다.

그 가운데 특히 인간은 다른 동물보다 인지 능력이 발달하고 언어를 구사할 수 있었기 때문에 훨씬 더 정교하고 복잡한 협동이 가능했습니다. 영국의 유명한 철학자이자 수학자인 버트런드 러셀은 "인간을 구원할 유일한 것은 협동이다(The only thing that will redeem mankind is cooperation)"라고 말했습니다.

진화생물학을 비롯한 최근 많은 연구 결과에 따르면 협력이 없었다면 창조적이고 고등한 인간 진화도 없었을 것이라고 합니다. 홉스가 말한 '상호 투쟁의 법칙'이 세상에 없는 것은 아니지만, 자연에는 '상호 부조의 법칙', 즉 서로 협력하고 돕는 법칙도 있습니다. 특히 종의 발전적 진화를 위해서는 상호 경쟁의 법칙보다 상호 부조의 법칙이 훨씬 중요하다는 것이죠. 그중에서 어느 종보다 협력을 통해 진화해 온 생명체라는 점에서 인간을 '초협력자'라고 부르는 진화생물학자도 있습니다. 사실 아담 스미스가 말하는 분업도 일종의 협동인 셈이죠.

인간의 본성에 대한 탐구는 인류 역사가 시작된 이후 계속돼왔지만 정답이 있는 것은 아닙니다. 인간을 어떻게 보느냐 하는 문제는 사람에 따라, 역사적·사회적 배경에 따라 여러 의견과 주장이 나타날 수 있습니다.

경제학과 무관한 것처럼 보이는 인간 본성에 관해 이야기하는 까닭은 이 책의 주제인 민영화가 이것과 연관돼 있기 때문입니다. 사람을 어떻게 볼 것인가, 이 문제는 모든 인문학의 출발이자 목적지입니다. 내 주변 사람들은 나와 협력해서 보다 나은 삶을 만들어가는 동반자인가? 아니면, 내기 경쟁을 통해 물리쳐야 할 대상인가? 동반자로 볼 때와 경쟁자로 볼 때 주변 사람을 보는 내 시각은 달라질 수밖에 없겠죠. 같은 반 친구들을 나와 즐거움과 힘든 일을 함께 나누는 동반자로 볼 때와 내가 눌러 이겨야 하는 경쟁자로 볼 때 그들을 대하는 나의 생각과 행동은 같을 수가 없을 겁니다.

의료, 교육, 학교 급식, 주택, 통신, 에너지 등 인간 삶에 필수적인 기초 공공재를 한 사회가 어떻게 다루는 것이 맞는지 정답은 없습니다. 그 사회 구성원들이(보통 우리는 이를 시민이라고 부릅니다) 어떤 시각과 철학에 공감하느냐에 따라 다릅니다. 우리나라에서 초등학교와 중학교를 의무 교육으로 보고 정부가 예산을 지원하는 것은 교육이 인간의 기본권이라는 철학에 근거한 것입니다. 시장에서 교환되는 일반 상품과 다르게 보는 것입니다. 문재인 정부는 고등학교까지 의무 교육 기간으로 연장할 준비를 하고 있습니다.

'인간은 삶의 기초적인 서비스를 받을 권리가 있는 존재'라는 철학에 기초한 사회와 '모든 재화와 서비스는 개인의 이기심과 교환을 바탕으로 하는 시장에서 공급해야 한다'는 철학에 기초한 사회는 많이 다릅니다. 앞에서 다룬 미국과 유럽의 의료 제도를 비교해 보면 알 수 있습니다. 이처럼 '인간을 어떻게 보느냐' 하는 문제는 개인의 철학을 넘어서 사회를 어떻게 만들어 나가느냐, 말하자면 의료 제도를 어떻게 설계할 것인가 하는 문제와도 연결돼 있다는 걸 알 수 있죠. 여러분은 의료, 교육, 주택 같은 삶에 필요한 서비스가 시장에서 개인 간에 돈으로 거래되는 상품인 사회를 선택하겠습니까, 아니면 기본적 권리로 사회 구성원 모두가 함께 부담하는 복지 사회를 선택하겠습니까?

자, 이제 지금까지 이야기한 부분을 정리해볼까요? 아담 스미스는 인간의 이기심만 강조한 것이 아닙니다. 그럼에도 이기심을 바탕으로 한 경제 행위가 자유로운 교환을 통해 국가의 부를 늘리는 원동력이라고 말했죠. 아담 스미스의 이기심은 타인의 이해관계를 무시하고 자기만의 이익을 챙기는 '탐욕'과는 다릅니다.

문제는 이기적인 측면만 강조함으로써 인간이 가지고 있는 협동심, 이타적 심성과 같은 다른 본성을 애써 무시하는 주장입니다. 이런 주장을 하는 사람들은 아담 스미스가 자신들의 이론적 선구자라고 하지만, 이는 아담 스미스를 왜곡시킨 것이라 할 수 있어요. 특히 재벌 등 독점 대기업이나 다국적 기업, 그들의 이해를 대변하는 지식인이나 언론이 아담 스미스 왜곡의 주요 세력입니다. 독점 대기업이 사회 전체의 이익보다 자기들 이익만 앞세워 공동체에 폐해를 가져오고 있음에도, 시장의 자유만 외치면서 모든 걸 시장에 맡겨야 한다고 주장하는 사람이 많은데, 이는 아담 스미스 철학과 전혀 다른 것이라고 보면 됩니다.

빛의 성질은 입자이면서 파장이기도 합니다. 입자론과 파장론이 서로 자기만 옳다고 싸우는 건 어리석은 일이지요. 자기만 옳다고 우기면 그나마 반쪽의 진실도 사라질 수밖에 없습니다. 장님들이 코끼리를 만져 봅니다. 코를 만진 사람과 다리를 만진 사람이 묘사하는 코끼리의 모습이 서로 다른 것은 당연합니다. 자기의 지식과 이론이 한계와 오류가 있을 수 있다는 점을 인정하고 다른 의견에 눈과 귀를 열어두는 자세가 필요합니다. 현대 주류 자본주의 경제학, 특히 시장지상주의 이론은 인간의 이기적 측면을 과도하게 강조하는 경향이 있습니다. 또 모든 경제 문제는 시장에서 해결해야 한다고 주장합니다. 국가가 나서지 말라는 것이죠. 의료든 교육이든 말이죠. 시장은 효율적이기 때문이라는 겁니다. 하지만 정부의 개입에 비판적이었던 아담 스미스도 자유롭고 공정한 경쟁이 이뤄지지 않으면 효율적이지 않다고 했습니다. 아담 스미스는 '자유 경쟁을 저해하는 제조업자와 이들을 도우려는 정부'를 비판했다고 했죠? 자유경쟁을 저해하는 제조업자는 요즘 말로 하면 독점적 지위를 누리는 재벌과 다국적 기업 정도 되겠죠. 그런데 현실에서 시장은 정말 효율적일까요?

시장 경제의 빛과 그늘

아담 스미스는 분업과 특화가 생산력의 비약적 증대를 가져왔으며, 이를 통해 만들어진 재화가 자유롭게 교환되면서 국가의 부가 늘어난다고 했죠. 우리는 이제부터 아담 스미스가 강조한 '자유로운 교환'에 대해서 알아보도록 하겠습니다.

자유로운 교환이 이뤄지는 곳은 어디인가요? 바로 시장입니다. 시장은 경제학에서 아주 중요한 개념입니다. 자본주의 경제는 다른 말로 시장 경제라는 말로 바꿀 수 있을 정도로 시장이 중요해요. 민영화 논쟁에서도 시장을 어떻게 볼 것인가에 대한 의견 차이가 민영화 찬반 논리를 가르는 핵심 기준이 됩니다.

경제학에서 말하는 교환을 다른 말로 표현하면 '수요와 공급의 만남'이라고 할 수 있습니다. 스마트폰을 사려는 사람(수요자)과 스마트폰을 팔려는 사람(공급자)이 만나는 곳이 시장이죠. 둘이 만나면 어떤 일이 생기나요? 교환 행위가 생기죠. 교환의 매개는 무엇인가요? 네, 돈입니다. 경제학에서는 화폐라고 하는데, 같은 말이라고 보면 됩니다. 만약에 어떤 사람이 50만 원을 주고 스마트폰을 샀다고 가정해 보죠. 이때 50만 원을 우리는 뭐라고 하죠? 그렇습니다. 스마트폰의 '가격'이라고 하죠. 가격은 수요와 공급이 만나는 곳에서 형성되는 것입니다. 그런데 수요와 공급이 만나는 곳은 시장이죠. 시장이 하는 가장 중요한 기능 가운데 하나가 재화의 가격을 결정하는 것입니다.

여기서 잠깐 시장이란 개념에 대해 조금 더 생각해 봅시다. 방금 말한 것처럼 소비자와 공급자가 만나는 곳을 말합니다. 서울 남대문시장, 대전 중앙시장, 대구 서문시장, 부산 국제시장, 광주 양동시장, 제주 동문시장 그리고 각종 대형 마트나 백화점, 동네 조그만 구멍가게도 시장이라고 볼 수 있습니다. 그런데 이렇게 구체적인 장소가 아니라 재화와 서비스 거래가 이뤄지는 추상적인 영역도 시장이라고 합니다. 예를 들어 "부동산 시장이 침체됐다" "금융 시장이 달아오르고 있다" "국민소득이 늘어나면서 외식 시장이 활황을 맞고 있다"라고 할 때, 시장은 구체적인 장소를 말하는 것이 아니죠.

시장에서 자유로운 교환을 통해 가격이 결정된다는 말은 아주 중요한 의미를 내포하고 있습니다. 여러분이 만약에 노트북을 만드는 회사의 사장이라고 생각해 보세요. 올해 노트북을 몇 대나 생산할 것인지 계획을 세울 겁니다. 노트북의 가격이 많이 오를 것으로 예상될 때와 내릴 것으로 예상될 때, 생산량을 어떻게 조절할 건가요? 가격이 오르면 생산량을 늘리겠지요. 공급을 늘린다는 이야기와 같은 뜻입니다. 가격이 내리면 반대로 공급이 줄 겁니다. 수요자 입장은 반대죠. 가격이 내리면 수요가 늘고, 오르면 줄겠죠. 이처럼 가격은 시장에 참여하는 공급자와 수요자의 행동에 영향을 주는 '신호등' 역할을 합니다.

사람들이 살면서 소비하는 재화와 서비스의 종류는 엄청나게 많습니다. 밥과 반찬, 책과 공책, 지하철과 버스, 물과 공기, 옷과 신발, 스마트폰과 노트북, 영화와 프로야구, 외식과 헬스클럽 등등…. 목록을 적자면 끝이 없습니다. 이 모든 물건은 각각 얼마만큼 공급이 돼야 할까요? 수요량은 얼마나 될까요? 옷을 만드는 공장을 경영하는 사장은 무엇을 기준으로 옷 생산량을 결정할까요? 기업의 목표는 이윤입니다. 이윤에 직접 영향을 주는 것은 가격입니다. 옷의 가격뿐 아니라 옷을 생산할 때 필요한 원료의 가격도 이윤에 영향을 주겠죠. 옷을 만드는 데 필요한 원단 가격이 크게 오르는데 옷 가격은 그대로라면 사장의 고민은 커질 것입니다.

멋진 후드티를 사서 입고 싶은 여러분, 이 옷을 살 것인지 말 것인지 결정하는 데 가장 큰 영향을 주는 변수는 무엇인가요? 디자인이나 색상? 브랜드? 이런 것들도 구매에 영향을 주겠지만 무엇보다 중요한 것은 가격일 것입니다. 자신의 지불 능력보다 옷도 가격이라면 다른 요인들이 아무리 맘에 들어도 살 수 없을 것입니다. 여러분 중에 얼마나 많은 사람이 후드티를 구매하느냐는 옷의 가격과 옷 만드는 회사 대표의 생산량 결정에 영향을 주게 되죠. 가격이라는 신호를 매개로 결정이 되는 거죠.

이 세상에는 수많은 재화가 있습니다. 또 수십억 명의 인구가 있고 개개인의 재화에 대한 요구와 선호가 다 다릅니다. 누가 무엇을 얼마만큼 생산할 것인가, 이 거대한 문제를 누가 풀어 줄 수 있을까요? 아주 오랜 옛날 자급자족 경제 시대 때는 이런 고민을 할 이유가 없었겠죠. 자기가 필요한 만큼만 생산해서 자기가 소비하면 끝이니까요. 하지만 이제는 상품 경제, 교환 경제가 중심인 시대예요. 적정한 공급량과 생산량을 결정하는 것은 다른 무엇이 아닌 시장입니다. 가격을 중심으로 재화의 공급과 수요가 결정되는 것이죠. 이처럼 개인들의 자유로운 교환이 가능한 시장을 중심으로 경제가 움직이는 사회를 시장 경제 사회라고 합니다. 시장이 없으면 사회가 제대로 작동될 수 없죠. 민영화를 비판하는 것과 시장 경제를 반대하는 것은 다릅니다. 경제 행위의 주요 주체는 기업입니다. 이중 대부분이 사기업이고 일부만 공기업입니다. 이 책이 비판하는 것은 꼭 필요한 공공재를 공급하는 공기업까지 사기업으로 바꾸자는 민영화론자들의 주장입니다.

시장 경제와 대비되는 개념으로 계획 경제가 있습니다. 사회에 필요한 재화와 서비스 생산량을 시장의 수요 공급을 통해 결정하는 것이 아니라 국가 또는 정부가 결정하는 제도입니다. 시장 경제가 사유재산 제도에 근간을 두고 있다면 계획 경제는 공유재산 제도를 기본으로 하고 있죠. 시장 경제가 자본주의 경제 체제의 중심이라면 계획 경제는 사회주의 경제 체제의 기본입니다.

여러분은 아마 '보이지 않는 손(invisible hand)'이라는 말을 들어봤을 겁니다. 아담 스미스는 "자유와 이기적 이익을 추구하는 것이 사회적 혼란이나 무질서를 초래하지 않으며 오히려 보이지 않는 손에 이끌려 사회적 질서와 조화를 가져온다"고 말했습니다. 아담 스미스의 이런 말이 자본주의 주류 경제학의 금과옥조가 돼, 국가는 어떤 종류의 경제적 간섭도 하지 말라고 주장하는 근거로 사용되고 있습니다. 국가의 시장 개입에 비판적인 거죠. 이런 생각을 가지고 있는 사람들에게 정부가 기업을 소유하거나 경영하는 것은 있을 수 없는 일이겠죠. 이들이 공기업의 민영화를 적극 찬성하는 것은 당연한 귀결입니다.

하지만 국가의 개입이 없는 자유로운 시장 경제는 존재할 수 없습니다. 여러분, 아무리 자유 시장 경제가 좋다고 해서 사람도 시장에서 사고팔 수 있을까요? 말도 안 되는 일이죠. 그런데 16세기 유럽인들이 현재의 중남미 지역인 신대륙을 발견한 이후 '노예무역'이 생겼습니다. 아프리카 사람들은 유럽인들 사이에서 돈을 주고 사고파는 상품이었습니다. 미국에서도 노예제도가 시행됐습니다. 이런 노예제도가 없어진 건 불과 150여 년 전 일입니다. 제약이 없는 시장의 자유는 이런 비인간적인 거래까지 가능하게 만듭니다. 또 시장 경제가 모든 경제 문제를 해결해 주지 못한다는 사실이 많이 드러났습니다. 아담 스미스가 주장한 것처럼, 개인의 이익 추구가 사회와 국가 전체의 이익과 함께 가는 것이 아니라 오히려 사회에 피해를 주는 경우도 많이 발생했습니다. 이것을 우리는 '시장 실패'라고 부릅니다.

시장은 개인과 기업의 자유로운 경제활동을 통해 자원이 효율적으로 배분되는 곳이라고 했는데, 어떤 재화는 시장에서 공급하기 어려운 경우도 있습니다. 국방이나 치안 서비스를 생각해 봅시다. 만약 국민 각자에게 국방 서비스에 필요한 비용을 내라고 하면 어떤 일이 벌어질까요? 나 하나쯤 요금을 내지 않아도 될 거라고 생각하는, 이른바 무임승차를 기대하는 사람들이 많이 생길 겁니다. 돈을 안 낸다고 국방 서비스를 받지 못하는 것도 아니니까요. 국방이나 치안 서비스는 비용을 지불하든 않든 국민 모두에게 제공되는 것입니다. 우리는 이런 재화를 공공재라고 합니다. 국민 모두에게 반드시 필요한 국방 서비스를 시장에서 공급할 수 없다면 국가가 나서야 되겠죠. 국가는 국방 서비스의 가격을 매겨서 개개인에게 판매하는 것이 아닙니다. 누구나 내야 하는 세금을 걷어서 서비스를 제공하죠.

시장 실패 사례는 또 있습니다. 전기, 수도, 철도나 지하철 같은 재화는 우리들이 사는 데 필요한 필수 재화입니다. 그런데 이런 재화나 서비스는 전국적인 네트워크가 있어야 공급이 가능합니다. 초기의 투자비용이 천문학적 수준입니다. 이럴 때 정부가 국민 세금으로 마련한 재정 자금으로 초기에 대규모 투자를 한 후 비교적 낮은 가격으로 서비스를 제공할 수 있습니다. 정부가 소유 또는 경영하는 공기업이 만들어질 수밖에 없는 이유 중 하나죠. 하지만 최근에는 이런 분야까지 민영화를 하려는 움직임이 있어 사회적 문제가 되고 있습니다. 이에 대한 구체적 내용은 1부에서 살펴본 바 있습니다.

또 자본주의 시장 경제 체제에서는 불황과 호황이 주기적으로 나타나는 경기 변동 현상이 있는데, 호황기에 경기가 과열되지 않도록, 불황기에는 너무 침체되지 않도록 정부가 나서서 경기를 조절해야 합니다. 이것도 일종의 시장 실패에 대한 정부의 대응이라고 볼 수 있습니다. 또한, 시장 경제의 부정적 결과물인 빈부 격차, 자원 낭비, 환경 문제 같은 것도 시장에만 맡겨둘 수 없습니다. 이때에도 정부의 개입이 필요합니다. 결론적으로 말하면 시장은 언제나 효율적인 것은 아니며, 사회 전체적으로 보면 여러 가지 불평등과 이로 인한 비효율도 발생시킨다는 것입니다.

20세기 초에 나타나서 20세기 말에 사라진 현실 사회주의 국가들은 자유 시장 중심의 경제 체제가 아니라 중앙정부 중심의 계획 경제 체제였습니다. 이제 계획 경제 체제의 사회주의 국가는 지구상에서 거의 찾아보기 어렵다고 보면 됩니다. 현재 대부분의 국가는 시장 경제 체제를 유지하고 있습니다.

시장 경제 체제를 유지하되 시장 실패가 심각한 문제를 가져오기 때문에 정부가 시장에 개입해 이런 실패를 막고 조세 정책 등을 통해 복지국가를 만드는 데 앞장서야 한다는 입장이 있습니다. 이와 달리 정부의 시장 개입을 반대하고 시장 실패까지도 시장의 자율적 조정 기능에 맡겨야 된다는 입장이 있죠. 우리가 앞서 말한 시장지상주의 입장입니다. 이 두 입장은 지금도 서로 싸우고 있습니다. 우리가 지향해야 할 복지국가의 모범으로 이야기되는 스웨덴, 핀란드, 노르웨이 등 북유럽 국가들이 전자를 대표하는 나라들입니다. 반면 정부 개입을 최소화하고 시장 중심 경제 체제를 지향하는 대표적인 나라는 미국입니다. 전자가 민영화보다는 공공성을 강조한다면 후자는 민영화를 지지하는 입장이라고 생각하면 됩니다.

우리나라는 어떨까요? 아래는 대한민국 헌법 제119조 제1항과 제2항입니다.

①대한민국의 경제 질서는 개인과 기업의 경제상의 자유와 창의를 존중함을 기본으로 한다.

②국가는 균형 있는 국민경제의 성장 및 안정과 적정한 소득의 분배를 유지하고, 시장의 지배와 경제력의 남용을 방지하며, 경제 주체 간의 조화를 통한 경제의 민주화를 위하여 경제에 관한 규제와 조정을 할 수 있다.

위 헌법 조항에서 알 수 있는 것처럼 우리나라는 기본적으로 시장 경제 체제를 근간으로 하고 있습니다. 하지만 '균형 있는 국민경제' '적정한 소득 분배' '경제력 남용 방지' '경제 민주화' 등의 표현에서 알 수 있는 것처럼 시장에서 발생하는 다양한 문제점에 대해 정부가 '규제와 조정'을 할 수 있도록 해놓았습니다. 시장이 효율적이라는 주장은 부분적으로만 맞는 말입니다. 정부가 없는 시장은 조화롭고 효율적인 기구가 아니라 약육강식의 정글로 귀결될 가능성이 높습니다. 시장 실패를 보완하기 위한 정부의 적극적 역할이 필요하고 많은 나라에서 실제로 그런 정책을 펴고 있습니다. 정부 개입의 수준이나 범위는 나라마다 다릅니다.

야경국가와 복지국가

　민영화를 어떻게 볼 것인가 하는 문제는 '국가나 정부의 역할과 기능을 어떻게 볼 것인가' 하는 문제와 밀접하게 관련돼 있습니다. 국가의 기능에 따라 야경국가와 복지국가로 나눠볼 수 있습니다. 물론 이것은 여러 가지 국가 분류 방식 중 하나에 불과합니다.

　그런데 여러분, 여기서 잠깐! 국가의 종류는 몇 가지가 있고, 무엇 무엇이고, 누가 말한 것이고, 하면서 시험 공부하듯 외울 필요는 없습니다. '국가란 무엇인가'에 대한 의견은 너무너무 많습니다. 학자마다 다릅니다. 플라톤, 아리스토텔레스가 주장한 국가론도 있고 공자, 맹자가 주장한 국가론도 있습니다. 또 노자, 장자, 홉스, 루소, 마르크스 같은 사람의 국가론도 있지요. 중요한 것은 국가나 정부는 무엇인가에 대한 여러분의 생각입니다. 네? 그렇게 어려운 건 여러분이 할 일이 아니라 공부를 많이 한 학자들이 하는 일이라고요? 과연 그럴까요?

　2016년 겨울, 서울 광화문 광장과 전국 각지에서 일어난 촛불 집회에 참여한 시민들이 한 말 기억나나요? 여러 가지가 있었지요. 그 중 가장 자주 외쳤던 말이 "이게 나라냐?"였습니다. 어른뿐 아니라 10대 청소년들도 광장으로 나와서 촛불 혁명이 성공적으로 마무리되는 데 힘을 보탰습니다. 더 이상 가만히 있지 않겠다는 다짐을 하면서, 촛불 집회에 참여했거나 아니면 집이나 학원, 교실에서 응원했을 겁니다.

사람들이 "이건 나라도 아니다"라고 말할 때는 자신들이 생각하는 나라다운 나라를 마음속에 담고 있을 겁니다. 그런데 자기가 생각하는 좋은 나라, 나라다운 나라는 사람마다 다를 수 있습니다. 촛불을 든 시민들의 가슴속에 있었던 '나라다운 나라'는 그들 한 명 한 명의 국가론입니다. 모든 것이 그렇듯이 국가도 보는 사람에 따라 다르게 정의를 내릴 수 있어요. 학교가 무엇인가에 대한 시각이 그럴 수 있는 것처럼 말이죠. 학생들이 매일 다니는 학교, 그 학교는 과연 무엇일까요? 학생들을 모아서 건강한 시민의식과 상식 그리고 기초 지식을 가르치는 장소라고 많은 사람이 생각하죠. 여러분도 여기에 동의하나요? 그런데 어떤 사람은 전혀 다르게 생각하죠. 학교란 학생들의 개성을 죽이고 그저 시험 잘 보고, 어른들 말 잘 듣는 똑같은 모습의 벽돌 같은 아이들을 찍어 내는 장소라고 말이죠.

국가를 보는 시각도 이처럼 다를 수 있습니다. 대표적인 사례로 이미 언급했던 야경국가와 복지국가 두 가지를 살펴보도록 하겠습니다. '야경'은 밤에 순찰을 돈다는 뜻입니다. 야경국가론을 주장하는 사람들은 국가는 국민에게 국방, 치안 같은 기본적인 서비스만 제공하고 개인의 자유와 사유재산을 보호하는 일만 해야 된다고 말합니다. 야경국가는 '최소국가'라고도 합니다. '작은 정부'라는 표현도 같은 의미를 가지고 있죠. 아담 스미스의 경제적 자유방임주의와 짝을 이루는 국가론입니다. 자유방임주의는 기업과 개인의 경제 활동 자유를 최대한 보장하고 국가의 개입은 최소화해야 한다는 주장입니다. 야경국가, 최소국가, 작은 정부를 주장하는 사람들은 기본적으로 '민영화'를 지지합니다. 이들은 정부가 재화를 공급하는 기업(공기업)을 운영하면 안 된다는 믿음을 갖고 있죠. 의료와 교육 같은 기본적인 사회 서비스도 모두 사기업이 중심이 돼 공급해야 한다고 주장합니다. 이런 주장을 극단적으로 지지하는 사람들 중에는 경찰, 교도소, 심지어 군대까지도 민간 기업이 경영해야 한다고 주장하는 이들도 있습니다.

복지국가는 자유방임주의를 바탕으로 한 야경국가론의 문제점과 한계를 비판하고 그 대안으로 나온 국가론입니다. 자유는 평등과 함께 인간 사회가 추구해야 할 보편적인 가치입니다. 하지만 중요한 것은 누구의 자유인가 하는 점입니다. 아담 스미스가 활동한 18세기는 자본주의가 유럽에서 본격적으로 시동을 걸던 때입니다. 오랫동안 교황과 절대 권력을 가진 왕이 다스리던 유럽에 새로운 상인, 자본가 계급이 태어나게 되고 이들은 자신들의 자유를 위해 기존의 지배세력과 싸웁니다. 이들이 말하는 자유는 정치적으로는 왕과 귀족으로부터의 자유였으며 경제적으로는 이윤을 축적하기 위한, 권력의 규제 없는 자유였습니다. 정치적인 요구는 근대 민주주의를 제도화하는 데 큰 영향을 줬습니다. 하지만 경제적 자유의 내용은 좀 달랐죠. 무제한의 경제적 자유가 구체적 현실에서는 어떤 모습으로 나타났을까요?

당시 영국에서는 노동을 통한 아동 착취가 극심했습니다. 여섯 살 어린이부터 10대 아이들까지 장시간 강도 높은 노동에 동원됐습니다. 새벽 4시에 일어나서 5시까지 공장에 갔죠. 그리고 몇 시까지 일을 했을까요? 밤 9시까지입니다. 살인적인 장시간 노동이죠. 이처럼 상상 이상의 어린이 중노동이 심각한 사회문제가 되자 영국 의회에서는 법으로 이를 제한하려고 했죠.

아동 노동을 제한하는 법을 만들려고 할 때 이를 반대하며 대자본가들이 내놓은 논리가 바로 자유였습니다. 모든 사람에게 '노동의 자유'를 줘야 한다, 따라서 아이들에게도 노동의 자유가 있다, 이런 논리였죠. 자신들의 부를 축적하기 위해 반인륜적인 노동을 강요하면서 이것을 자유의 이름으로 허락하라는 주장입니다. 그들의 자유는 어떤 간섭도 받지 않고 돈을 벌 수 있는 자유를 말하는 것이지요. 이 같은 자유가 가져온 결과는 무엇이었을까요? 긍정적인 점은 생산력의 비약적인 발전입니다. 아주 오랜 옛날부터 1700년대까지는 전 세계적으로 경제성장률이 정체 상태였습니다. 성장률 0% 수준이라는 얘기죠. 소수의 지배계급을 빼놓고 대부분의 사람들은 정말 가난했습니다. 대를 이어온 가난을 벗어날 수 있을 것이라는 꿈을 꿀 수도 없었죠. 이어 산업혁명과 자본주의 체제가 성립되면서 생산력 증가와 함께 경제성장률도 급격하게 높아졌어요. 자본주의 시장 경제가 가져온 혁명적 변화였습니다. 하지만 자본주의는 성장에는 성공했으나 분배에는 실패했습니다. 극심한 빈부 격차, 부의 세습화, 자원의 낭비와 고갈, 환경 파괴 같은 부정적인 결과가 함께 나타나게 된 것이죠.

국가가 이 같은 부작용을 억제하고 사회적 평등과 공평, 사회 정의 같은 가치에 초점을 두고 적극적으로 사회에 개입해야 한다는 요구가 나오는 것은 어쩌면 당연한 일이라고 봐야겠죠. 이런 요구 때문에 등장한 것은 크게 두 가지입니다. 하나는 자본주의 체제를 극복하고 새로운 대안을 만들어야 한다는 움직임으로, 구체적으로는 사회주의 국가 건설이었습니다. 옛 소련을 비롯한 동유럽과 제3세계 여러 나라에서 사회주의를 선택했습니다. 하지만 이미 언급한 것처럼 현실 사회주의는 100년도 가지 못하고 실패하고 말았죠. 사회주의 국가는 모두 실패로 끝났지만 노동과 평등의 가치를 중시한 사회주의가 지향했던 가치는 여전히 중요합니다. 복지국가를 이룬 북유럽 나라들은 이런 사회주의적 가치를 중시하고 정책에 반영하고 있습니다.

한편 사회주의 국가가 등장하면서 체제 경쟁을 하던 자본주의 진영 국가들은 자신들의 문제점을 해결해야 했습니다. 빈부 격차 심화 등 자본주의의 부정적인 측면을 적극적으로 고쳐서 사용해야 한다는 생각이었죠. 이런 생각이 실천으로 옮겨져서 만들어진 것이 복지국가입니다. 국가가 나서서 빈부 격차를 줄이고 부의 세습화를 억제하기 위해 시장에 개입하고 인간의 기본적인 권리인 의료, 주거, 교육 등 공공재 공급을 책임져야 한다는 것이죠.

촛불 집회에서 시민들이 분노하며 외친 구호가 "이게 나라냐?"라는 것이었다고 말했죠? 사람들은 저마다 마음속에 '이런 나라가 됐으면 좋겠다'는 그림을 그리고 있습니다. 여러분은 어떤 나라가 됐으면 좋겠습니까?

기업에 대한 잘못된 신화

효율성과 관련해서 사람들은 막연하게 민간 사기업은 효율적인데 공기업은 비효율적이라고 생각하는 경향이 있습니다. 더 나아가서 '민영화는 좋고, 공영화/국영화는 나쁘다'는 고정관념까지 생겨나기도 했습니다. 공기업은 흔히 말하듯 '주인 없는 회사'이기 때문에 대표나 구성원들이 회사를 자기 것처럼 위하지 않고 무책임하게 행동한다고도 생각하죠. 이런 생각의 이면에는 인간은 '자기 소유'가 아니면 아끼지도 않고 효율적으로 운영할 동기도 없는 '이기적 동물'이라는 시각이 깔려 있습니다. 물론 사람들이 자기 것을 중시하는 것은 당연한 일입니다. 하지만 우리가 앞서 살펴봤듯이 오직 자기 것만 챙기는 존재는 아닙니다. 공공의 이익, 상호 협동 같은 본성도 인간 안에 내재해 있습니다.

어떻게 보면 자본가들이 기업을 자기 것으로 생각하는 데서 오히려 문제가 발생할 수도 있습니다. 기업은 주주, 노동자, 거래처나 납품업체 등 이해관계자들이 모여서 재화를 생산하고 유통, 판매하는 조직입니다. 주인이라고 자기 마음대로 할 수 있는 개인 조직이 아니죠. 특히 대기업의 경우 더 그렇습니다. 실제로 기업 활동에 관한 정부의 규제가 없는 나라는 세계 어디에도 없습니다. 세금은 제대로 내는지, 노동조합 활동은 보장하고 있는지, 대기업의 경우 납품업체인 중소기업에게 횡포를 부리지 않는지, 공해 물질을 생산하지 않는지, 산업 안전은 충분히 보장하고 있는지 등등 수많은 문제에 대해 정부의 규제를 받게 되죠. 물론 무엇을 얼마만큼 만들어서 얼마를 받고 판매할지 등의 기본적인 기업 활동에 정부가 간섭하는 것은 아닙니다. 간섭할 수도 없죠. 다만 사기업이 이윤을 얻기 위해 공공의 이익을 훼손하지 않도록 규제를 하는 것입니다. 대부분의 민간 사기업들은 이윤 확보가 최고의 목표이기 때문에 공적인 가치를 우선시하는 정부의 규제를 좋아하지 않습니다.

여러분, 혹시 우리나라 5대 재벌이 어디인지 알고 있나요? 아마 삼성이나 현대 같은 이름이 먼저 떠오를 겁니다. 그 다음에 생각나는 재벌은 어딘가요? SK, LG, 롯데 그룹 순입니다. 5대 재벌 총수 가운데 1명만 빼고는 모두 각종 불법 행위로 법정에서 유죄 선고를 받았습니다. 삼성의 이건희와 이재용, 현대차의 정몽구, SK의 최태원, 롯데의 신동빈 회장은 '전과자'들입니다. 이들은 대규모 기업들을 거느린 재벌 총수들로서, 기업들을 자기 마음대로 해도 되는 걸로 생각해서 저지른 잘못 때문에 유죄 판결을 받았습니다. 잘못된 '주인 의식'이 기업 경영에 위험한 요소로 작용한 경우라 할 수 있겠죠. 우리나라 재벌 총수들의 이런 행태는 일반적인 현상입니다. 그래서 이런 현상을 '오너 리스크'라고 하죠. 오너(owner)는 주인이라는 뜻으로, 오너 리스크라는 말은 '재벌 총수의 잘못 때문에 기업이 부담해야 하는 위험(risk)'이라는 뜻을 가지고 있습니다. 대부분의 재벌 총수들은 경영인, 노동자, 납품 업체 등 수많은 이해 관계자들이 만들어 낸 기업 이윤을 자기 호주머니에 있는 개인 돈으로 착각하기도 합니다. 재벌 문제를 연구한 많은 전문가나 학자들이 우리나라 재벌의 문제점을 해결하기 위해 총수 일가 대신 전문 경영인이 기업 경영의 책임을 맡아야 한다고 주장하는 것도 '오너 리스크'를 없애야 한다는 문제의식 때문이죠.

사기업이라고 해서 언제나 공기업보다 효율적이라는 주장도 사실과 다른 일종의 '믿음'입니다. 반대로 공기업이 항상 비효율적이라는 주장도 맞지 않습니다. 또 사기업의 효율성을 강조하며 국가가 간섭하지 말라고 주장하는 사람들도 막상 기업이 큰 어려움에 닥쳤을 때는 정부에게 손을 벌리면서 '정부가 나서야 한다'고 주장하기도 하죠. 실제로 미국의 유명 자동차 회사 크라이슬러가 경영 위기를 겪게 되자 대표적인 시장지상주의 신봉자였던 레이건 미국 대통령이 정부 돈을 집어넣어 위기를 넘겼습니다. 2008년 세계적인 금융 위기 때에도 미국은 거대 은행들이 경영 위기를 겪게 되자 수백조 원이 넘는 정부 돈을 쏟아 부어 일시적인 국영화 조치를 취하기도 했죠. 돈 벌 때는 사기업이 효율적이라고 하면서, 위기에 처할 때는 정부에 손을 벌리는 셈입니다. 심지어는 이런 정부 지원금을 받은 회사 임직원들이 엄청난 액수의 보너스를 챙겨서 문제가 되기도 했죠. 이건 효율과는 무관한 일이며, 사기업이 보여주는 탐욕이라고 말할 수밖에 없습니다. 이런 현상을 두고 '이익의 사유화, 손실의 사회화'라고 합니다. 노벨 경제학상을 받은 미국 경제학자 조지프 스티글리츠라는 사람이 한 말입니다. 좀 어려운 표현이죠? 쉽게 말하면 돈을 벌면 자기 주머니에 넣고, 손해를 보면 자기 돈이 아니라 정부 재정(국민 세금)으로 메우는 걸 말합니다.

사기업은 효율적이고 공기업은 비효율적이라는 말은 '믿음' 또는 '신화'에 불과합니다. 실제로 경영 성적이 훌륭한 국영기업도 많이 있습니다. 성공적 국영기업의 사례를 꼽을 때 많은 사람들은 싱가포르를 언급합니다. 싱가포르는 2018년 6월 북한의 김정은 국무위원장과 미국 트럼프 대통령의 회담이 열린 곳이죠. 이 나라는 대부분의 토지가 국가 소유이며, 주택과 공장 부지의 대부분을 정부가 공급하고 있습니다. 이 가운데 싱가포르항공사는 성공한 국영기업의 모범으로 꼽히고 있습니다. 이 회사는 정부가 주식의 절반을 넘게 가지고 있는 국영회사죠. 공기업이라고 할 수 있는 겁니다. 1972년 회사가 만들어진 이후 수십 년 동안 한 번도 적자를 기록한 적이 없고, 세계 항공 이용 승객들의 항공사 인기투표에서도 여러 번 1등을 차지했습니다. 우리는 최근 민간 기업인 우리나라 대한항공의 오너 가족이 저지른 각종 충격적인 '갑질' 행태를 언론을 통해 알게 됐습니다. 이 두 개의 항공사가 너무 대비되지 않습니까? 사기업이 효율적이고 공기업은 비효율적이라는 주장이 거짓임을 증명해 주는 명백한 사례라고 할 수 있습니다.

우리나라도 과거 포항제철이라는 공기업이 있었습니다. 대한민국이 지금보다 훨씬 가난할 때 정부가 자금 조달에 나서 1968년에 회사를 세웠습니다. 1973년 철을 생산하기 시작한 이래 세계적으로 손꼽히는 철강회사로 우뚝 섰습니다. 공기업의 대표적인 성공 사례로 꼽을 수 있죠. 포항제철은 2000년 민영화됐으며 현재 이름은 포스코입니다. 포항제철의 민영화에 대한 평가는 보는 사람에 따라 다양할 수 있고, 실제로도 그렇습니다. 하지만 분명한 것은 민영화가 된 이후 그 이전 고용 인원의 절반이 잘려 나갔다는 사실입니다. 이윤 추구를 최우선으로 하고 이를 위해 노동자들을 쫓아내는 대규모 인력 구조조정을 강행하는 것이 사기업의 또 다른 얼굴입니다. 이밖에도 공기업, 국영기업의 성공적인 경영 사례는 전 세계적으로 많습니다.

경영 효율성을 기준으로 했을 때 사기업이 더 낫다든지 공기업이 더 낫다든지, 일괄적으로 평가할 수 없습니다. 또 국민들의 필수 서비스인 교통, 통신, 물 같은 재화에 대해서는 손실을 감수하더라도 정부가 공기업을 세워 운영하는 것이 필요합니다. 손실 즉 적자를 무능한 경영의 표시로 보는 사기업 중심의 사고에서 벗어나, '국민 삶의 질 향상'이라는 공적 가치를 위해 불가피한 국가의 투자로 보는 시선이 필요한 것입니다.

산골 오지에 철도를 놓고 기차역을 만드는 이유는 무엇일까요? 그곳에 많은 주민이 살지 않더라도, 즉 이윤을 창출할 기회가 적더라도, 그것이 같은 국민인 오지 주민들에게 꼭 필요한 서비스이기 때문입니다. 이동권은 기본권입니다. 민간 사기업은 필수 서비스나 필수 재화인지의 여부는 중요하게 생각지 않습니다. 돈을 벌 수 있는가 없는가, 이것만이 유일한 기준이죠. 공기업이 필요한 이유입니다.

또한, 우리가 이 책에서 얘기하려 하는 공기업이라는 것도 그 숫자가 별로 많지 않습니다. 대한민국에 있는 기업의 절대 다수는 민간 사기업입니다. 기본적으로는 사기업 중심으로 움직이는 게 자본주의 경제 체제입니다. 다만 양적으로는 많지 않지만 국민들에게 필요한 필수 공공재를 공급하는 공기업은 반드시 필요한 것이죠. 모든 걸 시장에 맡기자는 시장지상주의자들은 어떤 종류의 공기업도 비효율적이기 때문에 모두 민영화(사기업화)하자고 주장하지만, 이는 공적 가치를 무시하는 것이라는 비판을 받을 수밖에 없는 주장인 것이죠.

03 민영화의 역사

공기업 탄생 이야기

지금까지 민영화를 찬성하거나 반대하는 의견의 밑바탕에 깔린 몇 가지 철학과 경제 이론을 살펴봤습니다. 민영화 지지자들은 정부가 소유·경영하고 있는 공기업에서 생산하는 공공재를 자유 경쟁 시장에서 거래되는 경제재로 편입시키려 하는 것이죠. 그렇게 되면 우리는 아마 '삼성 수돗물, 현대 수돗물' 또는 'GS 전기, SK 전기'가 경쟁하는 세상에서 살지도 몰라요. 이 얘기는 그저 하는 농담이 아닙니다. 1부에서 살펴본 것처럼 발전 시장에는 이미 재벌 소유 사기업이 진입해 있습니다. 상수도 사업도, 지방자치단체에서 민간 기업으로 위탁하려는 움직임과 이에 대한 저항이 부딪치고 있죠.

민영화 대상이 되는 공기업이 왜 생겼을까요? 세상에 존재하는 모든 것에는 다 이유가 있습니다. 공기업은 사기업과 마찬가지로 상품을 생산, 유통, 판매하는 과정을 거치면서 이윤을 얻는 것을 목표로 하는 조직이자 경제 주체입니다. 다만 공기업은 이윤 추구와 함께 사회 전체를 위한 공익적 가치를 중시한다는 점에서 사기업과 다릅니다. 철도의 예를 들어 보죠. 산간 벽지 등 사람들이 별로 살지 않는 곳에 철도를 운행할 경우 이용객이 적어서 적자를 보게 됩니다. 하지만 국민들의 이동권을 보장할 수 있는 대중교통 수단을 공급하는 것은 정부의 기본 임무 가운데 하나죠. 공기업인 한국철도공사(코레일)가 적자를 감수하면서 외진 곳에도 철도를 운영하는 이유입니다. 일반 사기업이라면 이런 철도 운영은 하지 않을 겁니다.

우리는 앞에서 시장 실패에 대해 알아보면서 국방, 치안 같은 공공재와 전기, 수도, 철도 같이 초기 투자비용이 천문학적 수준으로 드는 사업에는 민간 기업이 참여하기 어렵다는 점을 보았습니다. 초기 투자비가 많이 드는 분야의 경우는 나중에 다른 기업이 진입하기 어렵습니다. 경쟁력에서 따라갈 수가 없으니까요. 만약 어떤 재벌 회사가 우리나라 상수도 사업을 시작하고 싶다고 해서, 정부가 사업 허가를 내줬다고 가정해 보죠. 그 재벌은 현재 정부가 제공하는 수도 요금 수준으로는 절대로 사업에서 이익을 낼 수 없습니다. 왜냐하면 상수도 사업을 하는 사기업이 전국에 상수도 망을 건설하는 데 드는 천문학적인 초기 투자비를 회수하려면 지금 우리가 내는 수도 요금보다 훨씬 비싼 요금을 받아야 합니다. 누가 그 수돗물을 사서 마시겠습니까?

상수도와 함께 전기, 철도, 도로, 가스, 통신 산업도 초기에 전국적인 망을 깔아야 하는 네트워크 산업입니다. 이처럼 초기 투자비용이 많이 들어서 최초로 사업에 참여한 업체 말고 다른 업체가 중간에 끼어들기 어려운 상황을 '자연독점'이라고 합니다. 처음 투자

한 기업이 자연스레 독점적 지위를 누릴 수밖에 없다는 것이죠. 초기 투자비용이 크다는 말은 투자한 돈을 회수하는 데도 오랜 기간이 필요하다는 뜻입니다. 이런 점도 사기업이 뛰어들지 못하도록 만드는 요인입니다. 이와 함께 전기나 수도 같은 공공재의 경우 공급할 수 있는 양이나 비용(가격)이 국민들의 일상생활과 직결됩니다. 따라서 정부가 개입할 수밖에 없죠. 그렇다면 통신이나 전기, 철도 같은 산업의 기업들은 애초부터 공기업이었을까요? 그렇지 않습니다.

우리는 이제부터 아담 스미스의 나라 영국의 사례를 통해 공기업(국유기업) 탄생의 기원을 살펴보도록 하겠습니다. 이 과정을 살펴보면 우리는 국유화(공기업화)나 민영화는 이 책 앞에서 말한 것처럼 '사람이 결정하는 일'이라는 걸 다시 한번 확인할 수 있습니다. 그리고 그 배경에 서로 다른 경제학은 물론 서로 다른 철학과 원칙이 깔려 있다는 것도 알 수 있습니다.

아담 스미스는 18세기에 활동한 사람입니다. 아담 스미스 주장의 핵심 가운데 하나는 국가는 민간 경제 활동에 간섭하지 말아야 한다는 것이죠. 시장의 자율적 기능에 맡기고 국방과 치안 같은 공공재 공급만 자기 일로 삼으라는 겁니다. 당시 구시대 지주나 귀족의 권리에 대항하면서 사회적 힘을 키워온 신흥 산업화 세력, 자본가 계급은 이 주장을 강력하게 지지했습니다.

실제 대부분의 재화는 사기업이 공급했습니다. 영국뿐 아니라 당시 자본주의 초기에는 많은 나라가 그렇게 했습니다. 그런데 정부의 규제를 전혀 받지 않는 무정부 상태의 시장 경제는 문제점을 드러내지 않을 수 없었죠. 아동 노동의 폐해는 이미 설명했습니다. 앞서 시장 실패를 설명할 때 언급한 것처럼 호황기와 불황기가 주기적으로 교체되는 경기 변동 현상에 정부가 개입하지 않으면 경제는 공황 상태에 빠질 수 있습니다. 공황이 발생하는 가장 큰 이유 중 하나는, 기업들이 상품을 많이 생산했는데 팔리지가 않아서 시장에 물건이 넘쳐나고 창고에 재고가 넘쳐나는 겁니다. 공급 과잉이죠. 기업은 물건이 안 팔리니까 노동자들을 해고하고 투자를 안 합니다. 그렇게 되면 노동자들은 더 가난해지고 실업자는 늘어납니다. 소득이 줄어드니까 소비도 줄어들겠죠. 소비가 줄어들면 기업은 생산을 줄이고, 또 노동자들을 해고하고 투자를 줄입니다. 이런 악순환이 계속되면서 경기가 침체 수준을 넘어 공황 수준까지 도달하게 됩니다. 공장 기계는 서고, 가계 소득은 줄고, 실업은 늘어나죠.

1929년 9월 미국에서 시작된 세계 대공황은 10년 정도 계속됐습니다. 세계를 충격에 빠뜨린 대공황은 도둑처럼 찾아왔습니다. 기업가들도 경제학자들도 언론도 알지 못했습니다. 당시 미국 사람들은 과거 10년이 그랬듯이 미국 경제가 앞으로도 지속적으로 번영할 거라고 믿었습니다. 공황이 닥쳐와서 주식 시장이 폭락하는 등 경제가 요동을 쳐도 대부분의 경제학자들은 '자율적으로 조정되는 시장 경제'가 문제를 해결해 줄 것이라고 믿었습니다. 또, 실제로 그렇게 주장했죠. 보통 사람들은 이 말을 믿었습니다.

어디서 많이 들어본 소리죠? 네, 그렇습니다. '보이지 않는 손'이 시장에 작용해서 경제가 항상 균형과 조화를 이룬다는 바로 그 주장입니다. 하지만 이런 주장과 기대는 보기 좋게 빗나갔죠. 시장은 붕괴됐고, 국민들의 지갑은 더 얇아졌으며, 실업률은 급등했습니다. 시장의 자율 조정 기능이 작동하기 위해서라도 정부의 역할이 필요한 것이죠. 노벨 경제학상을 받은 한 경제학자는 이렇게 말했습니다.

"'보이지 않는 손'이 보이지 않는 이유는 처음부터 그런 손이 없었기 때문이다."

영국의 철도는 어땠을까요? 1부에서 간단하게 언급했던 부분을 조금 더 자세하게 설명하겠습니다. 18세기와 19세기에 걸쳐 진행됐던, 세계를 바꾼 혁명은 산업혁명입니다. 영국에서 시작됐지만 이후 유럽과 뒤늦게 일본에까지 영향을 끼친 혁명이죠. 1776년 제임스 와트가 증기기관 시제품을 최초로 내놓았습니다. 바야흐로 산업혁명의 방아쇠가 당겨진 상징적 사건이라고 할 수 있죠. '1776년' 하면 생각나는 것 없나요? 네, 바로 아담 스미스의 『국부론』이 세상에 나온 해입니다. 산업혁명과 근대경제학의 출발선이 같네요. 우리는 이를 자본주의의 출발점이라고 불러도 됩니다. 이후 조지 스티븐슨이 증기 기관을 이용한 기차를 발명합니다. 이때 발명된 증기기관차 속도가 너무 빨라서 당시 사람들이 타기를 꺼렸다고 하네요. 너무 빨라 머리가 아프다면서 말이죠. 속도가 얼마였을까요? 시속 45~48킬로미터였습니다. KTX가 시속 300킬로미터로 달리는 지금을 기준으로 보면 좀 웃기는 일이지만 당시 사람들한테 준 충격은 엄청난 것이었죠.

증기기관, 기차의 발명과 함께 당시 가장 큰 산업이던 실과 옷 생산에 활용된 면직, 방적 기계도 발명돼 대량 생산이 가능해졌습니다. 대량 생산된 물건을 국내나 외국에 팔려면 대량 운송 수단이 반드시 필요합니다. 이런 사회적 요구에 부응해서 발명된 게 철도였습니다.

신흥 자본가 계급에게 철도의 발명은 수지맞는 사업 기회였습니다. 너도 나도 철도 사업에 뛰어들었죠. 자유방임주의 철학 또는 경제학을 믿던 시대였습니다. 1825년 최초로 증기 기관차가 등장한 이래 1920년에는 영국에서만 120개 철도 회사가 난립했습니다. 초기에 돈벌이가 된다며 철도 회사가 우후죽순처럼 생겨났고, 돈 있는 사람들은 철도 회사에 '묻지 마' 투자를 하면서 주식을 사들였습니다. 철도 회사의 주식 가격은 거품을 품은 채 올랐습니다. 그러나 거품은 반드시 꺼지게 돼 있죠. 경쟁 속에 망하는 회사도 나오고 망하는 투자자도 나왔습니다. 이처럼 다양한 문제점들이 속출하자 정부는 법을 만들어 철도 회사를 4개로 통합했습니다. '보이지 않는 손'이 작동한 것이 아니라 정부라는 '보이는 손'이 철도 시장을 정리해 준 것이죠. 시장이 저절로 균형을 만든 것이 아니라 국가가 나서서 합법적으로 규제한 것입니다. 하지만 이때도 정부가 규제는 했지만 사기업 형태가 그대로 유지됐습니다.

1920년대 후반부터 세계를 뒤흔든 대공황은 영국도 비껴가지 않았습니다. 이제 세계적인 경제 공황을 경험한 사람들은 경제 정책이 근본적으로 바뀌어야 한다는 생각을 하게 됐습니다. 특히 정부가 경제 활동에 적극적으로 개입하는 것에 대해 긍정적 생각을 가진 사람들이 늘어났습니다. 시장에 모든 것을 맡겨 놓은 결과 터져 나온 경제 공황과 그 여파로 발발한 2차 세계대전(1941~1945년)의 끔찍함을 경험했기 때문에 그런 생각을 더 많이 할 수 있었겠죠.

아담 스미스가 말한 '보이지 않는 손'의 경제학은 신뢰를 잃게 됐습니다. 과거에는 국가는 시장에 개입하면 안 된다는 철학과 원칙이 세상과 사람들을 지배했지만, 대공황과 전쟁이 많은 사람들의 철학과 원칙을 바꿔놓은 것입니다. 참으로 중대한 변화라고 할 수 있죠. 자본주의와 시장 경제는 무정부 상태로 그냥 내버려둬서는 안 되고 정부에 의해 효율적으로 관리되어야 한다는 철학과 원칙이 새로 등장한 것입니다. 2차 세계대전이 끝나던 해인 1945년 영국 국민들을 대상으로 한 여론조사가 있었어요. '실업 등 경제 문제에 정부가 적극 개입해야 한다'는 응답이 48%를 기록한 반면 '실업, 고용 같은 문제는 사기업에 맡겨야 한다'는 응답은 35%를 기록했습니다.

1945년은 우리나라가 일본 식민지에서 해방된 해이기도 하죠. 일본이 미국, 영국 등 연합군에 항복한 결과였죠. 이 해에 영국에서는 국회의원 선거가 있었습니다. 보수당과 노동당의 대결에서 노동당이 크게 이겼습니다. 영국 국민들은 2차 세계대전을 승리로 이끈 전쟁 영웅이자 전쟁 당시 수상이던 보수당의 처칠 대신 전쟁 이후 대대적인 개혁을 통해 복지국가로 바꾸겠다는 공약을 내건 노동당 후보를 선택했습니다. 노동당 당대표 애틀리 수상 내각이 출범하게 된 배경입니다.

이 총선 결과는 영국 사회에 아주 중요한 변화를 가져옵니다. 그리고 그 변화는 유럽과 미국에도 영향을 줬으며, 오늘날 복지국가를 건설하거나 지향하는 나라들에도 많은 영향과 영감을 줬습니다. 노동당이 총선에서 이기자 국민들은 점진적 개혁이 아니라 기업과 산업의 '국유화'를 포함하여 전면적인 복지국가 건설을 위한 정책을 과감하게 도입해야 한다고 생각했습니다. 당시 영국 국민의 59%가 이런 생각에 찬성했어요. 이와는 달리 점진적 변화를 꾀해야 된다는 견해를 가진 국민은 25%에 불과했어요. 시장 중심이 아니라 정부 주도의 전면적 개혁을 바라는 영국 국민의 생각이 반영된 결과였습니다. 정부 개입의 최소화를 주장하는 야경국가 이론에서 벗어나 정부의 적극적 개입을 주장하는 복지국가 이론이 사회 개혁의 기본 철학으로 등장한 것입니다.

주목할 부분은 바로 이런 국가 운영 철학이 공기업(국유기업)을 탄생시킨 주요 배경 가운데 하나라는 점입니다. 실제로 영국의 집권 노동당은 1945년 선거 공약에서 석탄, 가스, 전기, 교통(철도, 도로, 항공, 운하), 영국은행(중앙은행), 철강 산업을 즉각 국유화하겠다고 밝혔습니다. 국민들은 새로운 철학과 새로운 정책을 내세운 노동당에 압도적인 지지를 보여줬습니다. 선거에서 보수당을 크게 누른 노동당이 집권하자 집권 노동당은 선거 공약에 따라 주요 산업을 국유화했습니다. 이것이 국유기업 또는 공기업이 등장하게 된 역사적 배경입니다.

복지국가의 출현

주요 기간산업의 국유화와 함께 영국 정부가 추진한 것은 각종 복지 관련 법안을 만들고 시행한 것입니다. 대표적인 것이 '국민의료법'으로, 1948년에 제정된 이 법에 의해 유명한 영국의 전 국민 대상 무상의료 제도인 국민건강서비스(NHS)가 출범하게 되죠. 이와 함께 가족 수당, 국민연금 제도, 실업 수당 같은 제도가 도입됐습니다. '국가는 가만히 있어야 된다'는 아담 스미스 시대의 경제적 자유주의 철학은 사라지고, 국가가 적극 개입해서 빈곤·실업·의료 문제를 풀어야 한다는 철학이 힘을 얻게 된 결과입니다.

건물을 지을 때 반드시 필요한 것이 설계도입니다. 영국이 복지국가를 건설할 때도 설계도가 있었죠. 이 설계도가 그 유명한 '베버리지 보고서'입니다. 영국 정부는 2차 세계대전이 한창일 때 이미 전쟁 이후 영국 사회를 어떻게 운영해야 할지 연구하고 있었습니다. 그 연구 결과가 베버리지 보고서였어요.

2차 세계대전이 한창이던 1942년에 만들어진 이 역사적으로 중요한 보고서의 공식 이름은 '사회보험과 관련 서비스'입니다. 사회복지 정책 보고서라고 할 수 있습니다. 영국 사회가 당면한 문제가 무엇인지, 그리고 그것을 극복한 미래의 사회는 어떤 모습이어야 하는지, 실제 처방까지 포함되어 있었습니다. 베버리지는 이 보고서를 작성한 위원회 위원장 이름이죠. 보고서가 나올 당시는, 국가 개입보다 시장 자율을 더 중시하던 보수당의 처칠이 전시 내각의 수상 자리에 있던 때였습니다. 전쟁 영웅 처칠은 영국 사람들에게 많은 사랑을 받은 정치인입니다. 하지만 이미 말했듯이 영국 국민은 전후 영국을 이끌어갈 지도자로 보수당이 아니라 노동당 후보를 선택했습니다. 이 같은 결과가 나오게 된 원인 중 하나는 처칠이 베버리지 보고서를 무시했다는 점입니다.

베버리지 보고서는 현대 대부분 국가의 복지 제도 틀을 만들어 놓은 최초의 정책 보고서라는 점에서 큰 의미를 가지고 있습니다. 전쟁 중인데도 영국 사람들이 이 보고서에 얼마나 관심이 많았는지는 당시 신문 보도를 보면 짐작할 수 있습니다. 1942년 12월 이 보고서가 발간되자 '데일리 미러'라는 신문은 "요람에서 무덤까지"라는 제목의 기사로 내용을 소개했습니다. 전쟁의 고통을 겪고 있던 당시 영국 국민은 이 보고서에 폭발적인 관심을 보였죠. 영국 국민의 95%가 이 보고서에 대해 알고 있었고, 90%가 찬성하는 입장이었다고 합니다. 이 보고서는 발간 1달 만에 10만 부가 팔려나갔고 1년 동안 60만 부 이상이 판매됐다고 합니다. 당시 노동부 장관 제임스 그리피스라는 사람은 베버리지 보고서가 "암울했던 전쟁 기간에 하늘에서 내려온 양식" 같다고 말하기도 했습니다. 요람은 젖먹이 어린이를 태우고 흔들면서 놀거나 잠들게 하는 바구니 같은 것입니다. 이처럼 인간은 태어나서 죽을 때까지 기본적 권리를 사회로부터 보장받아야 한다는 철학이 밑바탕이 된 보고서입니다. 이 같은 국민들의 높은 지지는 베버리지 보고서에 찬성한 노동당은 물론이고, 내용이 과격하다며 반대했던 보수당도 이 보고서에 찬성하지 않을 수 없게 만들었습니다.

이 보고서가 발표된 뒤 영국에서는 여러 종류의 사회보장법이 만들어졌습니다. 장애자고용법이 제정되었고 사회보장청이 신설되어 사회보장 체계를 제도적으로 안착시켰습니다. 또 심신장애인 고용법, 가족수당법, 국민보험법, 아동법, 고용·직업훈련법 등 각종 복지제도와 관련된 법이 제정됐습니다. 우리가 영국에서 만들어진 복지 관련 법률의 이름을 다 외울 필요는 없습니다. 다만 이 시기에 복지국가의 틀을 만들기 위한 많은 법과 제도가 생겨났다는 점만 기억하면 됩니다.

이런 변화는 영국에만 국한된 것이 아닙니다. 자본주의 실험이 실패한 결과로 세계대전까지 치른 유럽의 자본주의 국가들이 사회보장 체제를 도입하는 데 많은 영향을 줬습니다.

또 1929년 세계 대공황을 거치면서 정부의 개입 없는 시장 경제 체제의 문제점을 극복하는 새로운 경제학도 나타났습니다. 주기적인 경제 공황을 피하고 국민경제의 원활한 작동을 위해서 정부가 경제의 한 주체로 참여해야 한다고 주장하는 경제학이죠. 아마 교과서에도 등장하는 영국의 경제학자 케인스가 최초로 이런 이론을 내세웠습니다. 복지국가의 설계도인 베버리지 보고서를 만든 베버리지도 케인스 경제학에 영향을 받았습니다.

어떤 경제학자는 이렇게 이야기했습니다.

"자본주의는 효율적으로 관리될 수 있다는 사상이야말로 전쟁(제2차 세계대전)이 확인시켜 준 놀라운 발견이었다."

이 말은 관리되지 않은 자본주의, 시장지상주의의 위험성을 지적하는 발언이기도 합니다.

지금까지 국유기업과 복지국가의 탄생 배경을 간단하게 살펴봤습니다. 이제 자본주의 폐해를 극복하기 위해 인간이 만든 이런 것들을 그 이전 상태로 되돌리려는 움직임, 즉 20세기 후반부에 민영화 물결이 등장하게 된 배경에 대해 알아보도록 하겠습니다.

경제학의 세계 대전
- 아담 스미스 vs 칼 마르크스 vs 존 메이너드 케인스

아담 스미스(1723~1790)는 1776년 펴낸 『국부론』을 통해 분업에 따른 생산성 향상, 정부 개입 최소화, 시장 자유 보장, 자유 무역, '보이지 않는 손'에 따른 시장의 조화 등을 강조했습니다. 경제의 자유방임주의(레세페, laisser-faire) 사상이죠. 레세페는 프랑스어입니다. 우리말로 하면 '그냥 내버려 둬'라

는 뜻인데 좀 어려운 말로 번역한 것입니다. 아담 스미스에서 시작된 경제 이론을 고전파 경제학이라고 합니다. 아담 스미스는 근대경제학의 창시자이며 자본주의 시장 경제를 지지하는 경제 원리를 제공했습니다. 하지만 이미 살펴본 것처럼 자본주의는 빈부 격차 심화, 주기적인 불황과 실업, 경제 공황, 환경 파괴 등 심각한 문제들이 있었죠.

이에 대한 비판과 대안을 모색한 경제학이 나타났습니다. 대안 경제학은 크게 두 가지였죠. 하나는, 자본주의는 내부 모순 때문에 붕괴될 것이고 이후 사회주의 국가 시대가 올 것이라는 이론입니다. 시장 대신에 정부의 계획 경제를 중심으로 나라 경제를 운영하는 이론입니다. 다른 하나는, 자본주의가 문제는 많지만 시장 경제는 생산력 발전의 원동력이니 시장 경제는 그대로 두되 정부가 적극 나서서 고장 난 자본주의 체제를 '고쳐서 쓰자'는 이론입니다.

전자는 아담 스미스보다 100년 정도 후에 태어난 칼 마르크스(1818~1883)가 주창한 경제학입니다. 칼 마르크스는 1867년 펴낸 『자본론』에서, 자본가는 노동자의 잉여노동을 착취함으로써 이윤을 축적하고 이에 따라 노동자들은 점점 더 가난해지는데, 결국 노동자 계급의 혁명 투쟁으로 자본주의가 사라지고 계급 없는 사회가 건설된다고 주장했습니다. 이렇게 건설된 사회가 사회주의 또는 공산주의 사회라는 게 마르크스 이론이죠. 마르크스 이론은 당시 노동자는 물론 지식인, 정치인 등 많은 사람들에게 커다란 영향을 줬습니다. 1917년 러시아에서는 마르크스 이론을 신봉한 레닌에 의해 혁명이 성공을 거둬 1922년 세계 최초로 사회주의 국가 소련이 탄생했습니다. 이후 동유럽의 많은 국가가 소련의 영향으로 사회주의 국가가 됐습니다. 소련을 포함해 유럽의 거의 절반은 사회주의 국가가 된 셈이죠. 20세기는 세계가 자본주의 진영과 사회주의 진영으로 나뉘어 치열한 체제 경쟁을 했던 시기입니다. 하지만 사회주의 국가들은 20세기 말에 붕괴돼 사실상 대부분 사라졌습니다.

아담 스미스 이후 사회주의 국가들이 붕괴할 때까지 자본주의 경제학과 사회주의 경제학은 서로 상대방을 비판하면서 경쟁하고 다퉜습니다. 정치인과 군인들뿐 아니라 경제학자들도 학문적 전쟁을 치렀습니다. 현실에서는 사회주의 경제학이 패배한 것으로 결론이 났습니다. 하지만 사회주의가 지향한 '계급 없는 평등 사회'의 가치를 중시하며 이런 가치가 실현되는 사회를 만들려는 주장과 움직임은 지금도 여전히 존재합니다. 또한 현재 유럽 여러 나라에서 민주주의적 방식으로 사회주의를 실현하려는 정당들도 많이 있죠.

한편 마르크스 경제학과 다른 차원에서 자유시장주의를 비판하는 이론도 나왔습니다. 시장 경제는 유지하되 정부의 적극적 개입이 필요하다는 경제이론이죠. 칼 마르크스가 숨진 해에 태어난 영국의 경제학자 존 메이너드 케인스(1883~1946)가 이 새로운 경제 이론의 깃발을 들고 등장한 사람입니다. 그는 정부가 가만히 있으면 안 되고 정부 예산 등을 수단으로 국민 경제에 적극 개입해야 한다고 주장했습니다. 그는 1936년 『고용·이자 및 화폐의 일반이론』(보통 '일반이론'이라고 불립니다)이라는 책을 펴냅니다. 케인스는 학자로서뿐만 아니라 정부 경제부처 주요 관료로서도 많이 활동했습니다. 두 차례 세계대전 이후 세계 경제 체제를 어떻게 만들어야 할 것인가 하는 문제를 논의하는 데 핵심 멤버로 참여하기도 했죠.

　　케인스는 스승에게서 아담 스미스 경제학을 배웠습니다. 하지만 케인스는 영국의 지속적인 높은 실업률, 특히 1920년대의 대공황을 보면서 아담 스미스를 비롯한 고전파 경제학에 의문을 가지게 됐습니다. 시장은 자율적으로 '보이지 않는 손'에 의해 스스로 균형을 찾아가는 게 아니라는 걸 목격한 것이죠. 그는 정부가 적극적으로 나서서 실업을 줄이고 고용을 늘릴 수 있도록 정책을 시행해야 한다고 주장했죠. 그는 공공

사업 등을 통해 실업자들이 노동을 해서 소득을 얻을 수 있는 기회를 줘야 한다고 주장했습니다. 실업자에서 취업자가 돼 소득을 얻게 되면 노동자들은 시장에서 물건을 구매하는 소비자가 되죠. 정부가 재정 정책 등을 통해 구매력이 뒷받침된 수요, 즉 유효 수요를 창출하면 기업 입장에서는 물건을 많이 팔 수 있고, 투자 여력이 생깁니다. 이런 과정을 통해 경제가 활성화된다는 이론입니다.

지금은 사람들에게 이런 이론이 일종의 상식이 됐지만 당시만 해도 많은 사람들은 '보이지 않는 손'의 신화를 믿고 있었습니다. 케인스 이론은 당대 수많은 경제학자들에게 큰 영향을 줬습니다. '케인스 혁명'이라 불리기까지 했고, 케인스 이론을 지지하고 공감하는 학자들을 칭하는 '케인스학파'라는 말도 생겨났습니다. 반대하는 사람들은 케인스를 사회주의자, 빨갱이라며 공격하기도 했습니다.

아담 스미스 이론은 케인스의 등장으로 도전을 받게 된 것이죠. 세계적 공황과 실업, 세계대전을 거치면서 경제학의 챔피언 자리는 스미스에서 케인스로 넘어갔습니다. 그런데 사실 케인스 학파와 고전학파의 싸움은 멈춘 적이 없습니다. 아담 스미스 경제학을 자본주의 경제학이라고 했었죠. 스미스는 시장의 자유, 자유방임주의를 강조했습니다. 경제적 자유주의라고 할 수 있어요. 그런데 케인스는 그런 자유방임주의에 입각한 자본주의는 그대로 두면 심각한 문제점을 만들어 내기 때문에 고쳐서 써야 한다고 했습니다. 그래서 케인스의 이론은 수정자본주의 이론이라고 부르죠. 시장과 정부 역할을 함께 중시했다고 해서 혼합경제라고도 합니다.

이제 사회주의 국가는 전 세계적으로 찾아보기가 쉽지 않습니다. 거의 모든 나라가 자본주의 체제를 유지하고 있죠. 그런데 자본주의 체제 안에서도 아담 스미스를 대부로 모시는 경제학자들과 케인스를 조상으로 모시는 경제학자들 사이의 싸움은 여전히 계속되고 있습니다.

1920~30년대 세계 대공황과 1940년대 세계대전을 거치면서 케인스 경제학이 고전파 자유주의 경제학을 누르고 당당하게 챔피언 자리에 올라섰지만 한 세대가 지나면서 아담 스미스 후예들의 반격이 시작됐습니다. 일군의 자유주의 경제학자들과 영국의 대처 수상, 미국의 레이건 대통령 등 정치가들이 깃발을 휘날리며 등장했죠. 이때 나온 자유주의 경제이론은 아담 스미스 시대의 자유주의 이후 다시 등장한 것이라 해서 이른바 '신자유주의'라고 불리죠. 이 신자유주의는 지난 수십 년 동안 세상을 뒤엎을 정도의 압도적 영향력을 행사하며 '신자유주의 외에는 대안이 없다'고 외쳤죠. 특히 20세기 말

현실 사회주의 국가들이 붕괴하면서 동유럽을 비롯해 전 세계 거의 모든 나라가 자본주의 체제로 변했습니다. 사회주의라는 경쟁 체제가 사라지자 눈치 볼 경쟁 상대가 사라진 자본주의 국가들은 신자유주의 정책의 깃발을 더 힘차게 흔들기 시작했습니다. 신자유주의 정책 목록의 핵심 가운데 하나가 바로 우리가 이 책에서 다루고 있는 '민영화'입니다.

민영화의 역습

세상 모든 사람이 좋아하는 사람이 있을까요? 예수님이나 부처님은 어떨까요? 예수님은 자기가 속한 유대 민족의 증오와 질시로 십자가에 못 박혀서 돌아가셨죠. 부처님의 사촌 동생인 데바닷타는 사촌 형인 붓다를 암살할 계획을 여러 번 세웠습니다. 교단의 우두머리 자리를 차지하고 싶은데 뜻대로 되지 않았기 때문이죠. 예수님과 부처님도 이러한데 평범한 사람들은 말해 무엇 하겠습니까? 특히 정치인들의 경우는 지지자와 반대자가 뚜렷하게 구분됩니다. 하지만 아무리 반대자라 해도 세상을 떠난 정치인에게 대놓고 심한 욕을 하는 경우는 많지 않습니다.

2013년 영국의 한 정치인이 숨을 거뒀습니다. 그러자 어떤 사람들은 잘 죽었다며 기쁘다고 만세를 불렀죠. 욕을 해대는 사람까지 있었습니다. 일부 지역에서는 사람들이 거리로 나와 환호하며 그의 죽음을 기뻐했습니다. 물론 그를 칭송하고 기리며 슬퍼하는 사람들도 많았죠. 그들은 '위대한 지도자'를 잃었다며 그의 죽음을 애도했습니다. 전 세계적으로 그의 죽음에 대한 반응이 엇갈렸습니다. 좋은 싫든 세계적인 정치 지도자였던 것은 분명한 것 같네요. 그는 누구일까요?

영국 최초의 여성 총리, 11년 동안 권좌에 앉았던 최장수 총리, 나라의 체질을 바꿔놓은 총리, '철의 여인'이라 불린 강력한 카리스마를 가진 정치 지도자…. 이처럼 수많은 수식어를 달고 살았던 정치인. 네, 바로 마가렛 대처 영국 수상 이야기입니다.

당시 영국 언론 보도를 보면 극명하게 나뉜 평가를 알 수 있습니다. 진보 성향의 신문은 "대처 총리는 영국을 파괴했고, 더 엉망진창인 나라로 만들었다"고 비판한 반면 보수 성향의 신문은 "영국을 구한 위대한 영웅"이라고 표현했습니다. 어떤 신문은 대처 수상의 장례식을 '국장'으로 해서는 안 된다는 입장도 표명했죠. 대처 수상은 생전에 자신의 장례식을 국장으로 하지 말아 달라고 해서, 결국은 '국장에 버금가는 장례식'으로 치러졌습니다. 대처 수상의 장례식 논란과 관련돼 사람들 사이에 널리 알려진 조롱 섞인 농담이 하나 있습니다. "대처 수상 장례식을 '민영화'합시다. 경쟁 입찰에 맡겨 가장 싼 업체를 받아들입시다. 그녀는 그런 걸 원했을 것입니다." 이 말은 세계적으로 유명한 영국의 영화감독 켄 로치가 영국의 주요 언론과 인터뷰하면서 한 말입니다. 이 말은 트위터를 통해 전 세계적으로 널리 퍼져나갔죠. 수상 장례식을 '민영화'하자는 발언이 눈길을 끕니다. 대처 수상은 재임 당시, 국유화됐던 영국 산업의 민영화를 강행한 주인공이었습니다.

여기서 잠깐! 우리는 이 책에서 영국 이야기를 많이 하고 있죠? 아담 스미스, 존 메이너드 케인스, 마가렛 대처, 자유 시장 경제, 국영화와 복지국가, 거기에 덧붙여 이제 민영화까지, 모두 영국 사람과 영국 사례를 인용했습니다. 이미 설명한 대로 18세기 산업혁명이 일어난 나라가 영국이며, 자본주의 종주국이기도 합니다. 근대 경제학을 탄생시킨 아담 스미스의 나라죠. 19세기에는 세계 최강의 제국주의 국가였습니다. 전 세계의 1/4, 세계 인구의 1/5을 다스리는 대제국이었죠. 유럽의 많은 나라와 나중에 동양의 일본까지 끼어들어 경쟁적으로 식민지를 만들었죠. 우리나라도 이때 일본의 식민지가 됩니다. 영국이 '해가 지지 않는 나라'라고 불린 이유죠. 그 시절 영국의 식민지 국가였던 나라들이 모여서 만든 기구 이름을 영국연방(영연방)이라고 합니다. 영연방에는 캐나다, 호주, 싱가포르, 파키스탄, 가나, 우간다, 뉴질랜드 등 50개국 이상이 포함돼 있습니다. 대영 제국주의(영국)는 다른 말로 하면 '식민지 왕국'이었습니다. 영국은 자본주의 초기 초강대 국가였습니다. 복지국가의 틀을 갖춘 최초의 나라도 영국이죠. 그리고 세계적으로 민영화 바람을 몰고 온 나라도 영국입니다. 이 책에서 영국이 많이 언급되는 이유입니다. 이제는 세계 정치를 좌우하는 초강대국 자리를 미국에

물려줬습니다.

특히 미국의 경우 1929년 대공황이 닥친 후 1932년 대통령으로 당선된 프랭클린 루스벨트가 저 유명한 '뉴딜 정책'을 펴면서 공황을 벗어났습니다. 정부가 적극적인 재정 정책을 통해 돈을 풀었습니다. 대규모 토목 사업으로 노동자들에게 소득을 만들어줬으며, 가난한 사람들을 위한 정책을 집행했습니다. 1936년 대통령에 두 번째 당선된 루스벨트는 "부유한 사람들을 더욱 부유하게 하는 것이 아니라, 가난한 사람들을 풍요롭게 하는 것이야말로 진보의 기준이다"라고 말했습니다. 뉴딜 정책은 아담 스미스 경제학에 토대를 둔 자유방임주의 경제 정책에서 케인스 경제학을 바탕으로 하는 개입 정책으로 전환하는 계기가 된, 자본주의 역사에서 매우 중요한 의미를 갖는 정책입니다.

대공황을 성공적으로 극복한 미국은 2차 세계대전을 거치면서 세계 초강대국으로 등장했죠. 한동안 소련과 세계 최강 국가 자리를 놓고 다투었지만 1990년대 사회주의 국가들이 몰락하면서 소련이 해체된 후 세계 유일의 초강대국이 됐죠. 요즘은 중국이 정치·경제·군사적으로 급부상하면서 미국과 패권을 겨루고 있습니다. 이를 G2(Government 2) 체제라고 부르는 사람들도 있습니다.

다시 전 세계적으로 민영화 흐름을 선도했던 영국 이야기로 돌아갑니다. 2차 세계대전이 끝난 후 미국과 유럽을 중심으로 한 자본주의 세계는 높은 성장률과 낮은 실업률을 기록하며, 정치적으로 비교적 안정된 민주주의 체제를 유지했습니다. 1945년부터 약 30

년간을 학자들은 '자본주의 황금기'라고 부르죠. 1920년대 세계 대공황과 1945년 2차 세계대전이 끝난 후 사람들이 시장과 국가에 대한 과거의 생각을 바꾸게 됐다는 건 이미 설명한 바 있습니다. 시장 경제 체제를 유지하면서도 시장의 한계는 정부의 적극적 개입을 통해 해결했습니다. 이 기간에 경제 성장률은 높았고 실업률은 낮았습니다. 성장과 고용이라는 정책 목표를 달성한 것이죠. 바로 자본주의 황금기입니다. 이때 다수의 경제학자와 정책을 입안하는 관료와 전문가들은 아담 스미스 경제학을 버리고 케인스 경제학의 지침을 따랐습니다. 미국 닉슨 대통령은 1971년 "이제 우린 모두 케인시언(케인스 경제학을 지지하는 사람들)이다"라는 말을 남기기도 했습니다.

영국에서는 노동당과 보수당이 이 시기 동안 번갈아 집권했지만, 이들 모두 기존의 국유화 정책이나 복지 정책을 유지하는 데는 동의하고 있었죠. 시장을 그대로 놓아두면 여러 가지 문제가 생긴다는 것을 알았기 때문입니다. 또 당시 영국에서 큰 영향력을 행사하고 있던 노동조합이 복지국가 노선과 주요 산업 국유화를 지지했기 때문이기도 하죠. 여기에다 사회주의 진영과 자본주의 진영이 세계를 양분하면서 경쟁하던 시대적 환경도 작용했습니다. 사유재산 금지, 토지 등 생산 수단의 공유화, 노동자 중심의 평등 사회 건설을 목표로 내세운 사회주의 국가들과 경쟁하기 위해서는 자본주의 국가들도 다수 노동자를 달래줄 평등과 복지 같은 가치를 외면할 수 없었던 것이죠.

하지만 1970년대 영국의 경제는 활력을 잃었습니다. 높은 물가 상승률과 실업률을 기록하면서 경기가 침체됐습니다. 1976년에는 IMF(국제통화기금)의 구제 금융을 받는 지경까지 이르게 됐죠. 사람들은 복지 재정 지출이 너무 많고 노동조합이 파업을 너무 자주 해서 이런 현상이 벌어졌다며 이를 '영국병'이라고 불렀습니다. 과도한 복지 지출과 강경 노동조합에 의한 높은 임금 인상과 낮은 생산성, 즉 고비용 저효율이 영국병을 불러왔다는 주장입니다.

병의 진단이 이렇게 나왔으면 치료 방법도 따라서 나올 수 있겠죠? 과도한 복지 지출을 막기 위해 정부의 돈 씀씀이를 줄여야겠죠? 이른바 긴축 재정입니다. 각종 사회 보장 관련 예산이 줄어들 수밖에 없습니다. 각종 입법을 통해 노동조합 활동을 억압하는 것도 대책 중의 하나가 되겠죠.

이때 등장한 사람이 마가렛 대처 수상입니다. 그는 1979년 영국 수상에 올라 2차 대전 이후의 영국 사회 운영의 기본 철학을 뒤집어 버렸습니다. 즉, 수정자본주의, 혼합경제를 기반으로 한 사회 운영의 철학을 바꾼 것이죠. 우리가 지금까지 시장지상주의, 자유시장주의라고 불러왔던 아담 스미스 경제학을 다시 서랍에서 끄집어 낸 거예요. 대처 수상은 노동조합을 향해서도 강경책을 사용해서 노조를 약화시켰습니다. 그러자 그동안 힘을 못 쓰던 시장지상주의자들이 목소리를 높이기 시작했습니다. '정부는 예산도 줄이고 시장에 개입하지 말라' '작은 정부를 지향하라' 이런 요구입니다. 앞부분에 말했던 '야경국가' 시대로 돌아가라는 주장이죠.

대처 수상은 1981년 미국 대통령에 당선된 로널드 레이건과 함께 자유시장주의를 소리 높여 외치기 시작했습니다. 이런 주장은 케인스의 수정자본주의 이론에 밀려 있던 아담 스미스의 고전파 자유경제 이론을 다시 불러낸 것이라는 의미에서 새로운 자유주의, 즉 신자유주의라고 불린다고 얘기했죠? 앞서 언급했던 시장지상주의와 내용은 같습니다.

　1980년대 이후 전 세계적으로 신자유주의 물결이 흘러넘쳤습니다. 대처 수상은 자유 시장 경제를 강조하면서 신자유주의 이외에 대안은 없다고 목소리를 높였습니다. 대처 수상은 또 이런 발언을 했어요.

　　"사회라는 것은 없습니다. 남자와 여자, 개인이 있을 뿐입니다. … 개인은 반드시 스스로를 도와야 하며, 누가 당연히 뭘 해 주리라고 기대하면 안 됩니다."

　대처 수상의 이 같은 발언은, 사람은 사회적 동물이며 정치적 동물이라는 본질적인 인간 속성을 부정하는 것입니다. 사람은 이 세상에 태어날 때부터 모여 살았고, 서로 협동하면서 사회를 건설해 왔습니다. 대처의 이런 발언은 공동체를 해체하고 모든 것을 개인적인 것으로 돌리는 위험한 생각입니다. 하긴, 상호 부조 정신에 입각한 복지 사회 대신 개인 대 개인의 무한 경쟁을 강요하는 신자유주의 이데올로기에는 딱 들어맞는 표현이긴 합니다. 대처 수상은 흔들리지 않고 자신의 뜻을 임기 동안 강하게 밀고 나갔습니다. '철의 여인'이라고 불린 이유입니다. '구국의 영웅' 또는 '분열의 장본인', 어떤 평가가 맞는지는 아직까지 논란 중입니다.

신자유주의의 핵심 정책 몇 가지를 간단하게 살펴보고 넘어가도록 하죠. 먼저 '정부가 시장에 간섭하지 말라!' 이른바 '규제 완화'죠. 개별 기업 차원에서 수익을 많이 내려고 노력하는 것은 나쁜 게 아니에요. 하지만 사회 전체에 피해를 가져오는 것까지 기업의 자유라는 이름으로 용납해서는 안 되겠죠. 또 노동자의 해고를 쉽게 할 수 있도록 하는 노동 유연성 증대, 복지 예산 삭감을 가져오는 긴축 재정 그리고 공기업 민영화가 신자유주의 정책의 주요 내용입니다.

영국과 미국이 중심이 된 신자유주의 정책은 전 세계적으로 확산됐으며, 이와 함께 세계 많은 나라에 공기업 민영화 바람이 거세게 불기 시작했습니다. 영국에서는 철도, 통신, 항공, 가스, 철강, 전력, 석탄, 우체국 등 산업에서 대대적인 민영화가 이뤄졌습니다. 민영화 효과의 대표적인 것이 가격 상승입니다. 1부에서 본 것처럼 영국의 철도 요금은 민영화 이후 많이 올랐습니다. 공공의 이익보다 높은 수익만을 목표로 하는 사기업의 특성상 당연한 결과입니다. 비용을 낮추기 위해 가장 흔히 사용하는 방법이 구조조정이라는 이름으로 노동자들을 해고하는 것이죠. 영국의 경우 민영화된 기업들 대부분에서 고용이 줄어든 것으로 나타났습니다. 물론 일부 민영화된 기업에서 효율성이 높아지고 보다 많은 이윤을 달성한 경우도 있습니다. 이런 경우 대부분은 이른바 구조조정, 즉 노동자들의 대규모 해고 등으로 비용 절감을 통해 이뤄진 성과입니다.

사람과 이윤 중 어떤 것을 더 중시해야 할까요? 기업 입장에서는 이윤을 내지 못하고 적자가 나면 기업 전체가 흔들리고, 그러면 회사에서 일하던 사람들도 다 일자리를 잃게 되겠죠. 따라서 공기업이든 사기업이든 기업 형태로 조직이 운영될 경우 이윤을 확보하는 것은 중요한 일입니다. 공기업의 경우 적자가 나면 세금으로 적자를 메워야 하니까요. 공공재 공급을 위해 필요하면 세금을 사용하는 것은 있을 수 있는 일이겠죠. 산골 오지에 전기를 설치하는 일은 공기업만 할 수 있는 일입니다. 손실이 발생할 수도 있겠지만 전기와 통신이라는 재화는 사람이 기본적으로 누려야 하는 기본권리 중하나라고 보는 철학을 더 중요시하기 때문이죠. 더 많은 이윤을 위해 노동자들을 해고하는 것이 당연시되는 것도 문제이고, 공기업을 (적자가 나도 정부가 지원해 주니까) 방만하게 경영하는 것도 문제가 되는 것입니다. 실제로 유럽의 많은 나라에서 공기업을 민영화하게 된 배경 중의 하나가 보조금이라는 이름의 세금을 공기업 운영에 많이 쏟아부어서 정부 재정에 압박을 주었기 때문이죠.

나라마다 차이는 있지만, 영국 이외 많은 국가에서도 민영화 바람이 불었습니다. 민영화의 역습인 셈이죠. 프랑스, 독일, 오스트리아, 네덜란드 등 대부분 서유럽 국가에서도 정부의 주요 기간산업이 민영화됐죠. 물론 우리나라도 예외가 아니었습니다.

'영국병'은 정말 있었나?

영국 경제는 1970년대 어려움을 겪다가 1976년 끝내 IMF 구제 금융까지 받게 됩니다. 사람들은 고복지, 고비용, 저효율의 영국 경제가 가져온 병, 즉 '영국병'이라고 불렀습니다. 하지만 '영국병'이라는 것은 신자유주의를 주장하는 사람들이 만든 '신화'에 불과하다는 견해도 있습니다. '복지 지출이 너무 많고, 노조가 강성이라서 영국이 망했다'라고 이야기하지만, 이는 사실과 다르다는 주장입니다. 복지 사회와 노동조합에 비판적인 사람들이 만들어 낸 주장이라는 것이죠. 이들은 만약 영국이 복지 예산이 과다해서 '병'에 걸렸다면 영국보다 더 많은 돈을 복지 예산으로 쓰는 북유럽 국가들의 '건강'은 어떻게 설명할 수 있냐고 반문합니다.

영국의 경우 복지국가로 전환된 시기였던 1950년대부터 대처 수상 등장 후인 1980년대까지 1인당 GDP 성장률이 2% 안팎이었는데, 대처 수상 집권 이후인 1990년대에도 평균 경제 성장률이 2.2%를 기록해 큰 차이가 없었습니다. 영국병이 고쳐져서 경제가 크게 성장한 것이 아니라는 것이죠. 또 복지 예산 삭감 역시 큰 차이가 없었다고 합니다. 이런 주장을 하는 사람들은 대처 수상이 영국병을 치료한 것이 아니라, 그녀야말로 영국병의 원인이라고 지적하고 있습니다.

이들이 말하는 영국병은 무리한 공기업 민영화로 철도 등 기간 시설에 투자를 하지 않아 시설이 노후화되고 안전사고가 늘어난 점, 빈부 격차가 극심하게 벌어진 점입니다. 이들은 또 대처 수상이 국민 여론이 우호적이지 않았던 노동조합을 '희생양' 삼은 것이라고 주장합니다.

우리나라 민영화 발자취

우리나라 기업은 전부 몇 개일까요? 직원이 10명이 안 되는 작은 기업부터 수만 명이 넘는 대기업까지 다 포함하면 몇 개나 될까요? 가장 최근에 발표된 통계에 따르면 우리나라 기업은 모두 360만 개가 조금 넘습니다. 이 가운데 대기업의 수는 3,800여 개로 0.1% 수준입니다. 여러분, 재벌이라는 말 들어봤죠? 특정 가문의 대표가 총수 자리에 앉아 대규모 기업 수십 개를 거느리는 회사 체제를 말하죠. 세계적으로도 유명한 단어가 됐습니다. 그래서 영어 사전에도 이 단어가 수록됐어요. chaebol, 한국의 재벌을 뜻하는 영어 단어입니다. 발음 나는 대로 표기한 것이죠. 그런데 재벌을 표현하는 정부의 공식 용어가 있습니다. '대규모 기업 집단'이죠. 말 그대로 규모가 큰 대기업 여러 개가 모여 한 집단이 된 것이죠. 그래서 우리는 삼성 재벌, 현대 재벌, SK 재벌… 이런 식으로 부릅니다. 우리나라에는 2017년 기준으로 모두 31개의 재벌이 있습니다. 31개 재벌이 거느리고 있는 규모가 큰 기업(계열사라고 부르죠)을 '대기업'이라고 분류합니다. 우리나라에서 덩치가 가장 큰 재벌인 삼성은 63개의 계열사를 거느리고 있습니다. 31개 재벌이 가지고 있는 계열사 수를 모두 합하면 1,266개입니다.

그렇다면 우리나라의 공기업은 몇 개나 될까요? 정부는 매년 공기업이 몇 개 있는지 발표하고 있어요. 2018년 발표한 자료에 따르면 공기업 수는 35개에 불과합니다. 공공기관 전체 수는 338개인데 이 중 기업 성격을 가진 것은 35개라는 말이죠. 공공기관이란 정부가 재정을 지원하거나 투자해서 운영되는 곳을 말합니다. 이 가운데 기업의 성격을 가진 것이 35개입니다. 대표적인 공기업을 한번 꼽아볼까요?

한국전력공사, 한국철도공사, 한국가스공사, 인천국제공항공사, 한국토지주택공사, 한국도로공사, 한국석유공사, 한국수자원공사… 이런 곳입니다. 예를 든 회사를 보면 알 수 있듯이 공기업 수는 적지만 국민의 일상생활과 아주 밀접한 전기, 수도, 가스, 철도 등 공공재를 공급하고 있다는 점에서 매우 중요한 기능을 수행하는 곳들입니다.

사실 과거에는 우리나라에 이보다 많은 공기업이 있었어요. 선진 자본주의 국가와 달리 우리나라 공기업은 영국처럼 민간 기업을 국유화해서 만들어진 것이 아닙니다. 1945년 해방은 됐으나 나라는 가난했어요. 엎친 데 덮친 격으로 1950년에는 한국전쟁이 벌어져서 남북이 모두 거의 초토화되는 결과를 가져왔습니다. 생산 기반은 아주 취약했고 나라의 곳간은 거의 텅 비어 있었죠. 미국 원조를 받으며 살았습니다. 또 외국에서 빌려오는 차관에 의존할 수밖에 없었습니다. 외국에서 빌려온 돈은 민간 기업에 아주 싼 이자로 빌려줘서 수출에 기여할 수 있도록 육성했어요.

한편으로는 내세울 만한 기업이 없는 상황에서 정부가 국가 경제에 필요한 기업을 소유하거나 출자해서 공기업화한 경우도 많습니다. 포항제철이 대표적인 사례입니다. 그런가 하면 정부가 돈을 벌 수 있는 사업에 직접 손을 댔습니다. 여러분 중 대부분은 처음 들어보는 이름일 텐데, 전매청이라는 곳이 있었어요. 담배와 인삼을 제조·생산·판매하는 곳인데, 회사가 아니라 정부 기관이었죠. 전매청 이외 다른 곳에서는 담배와 인삼을 제조·생산·판매할 수 없었어요. 이런 사례는 많이 있습니다. 이후 한국 경제가 지속적으로 성장하고 민간 부분이 덩치가 커지면서 정부는 소유하고 있던 공기업을 민영화하기 시작했습니다.

포항제철은 민영화돼 지금 이름이 포스코이고, 전매청도 한국담배인삼공사로 바뀐 후 민영화돼 지금의 이름은 KT&G입니다. 체신부에서 한국통신공사를 거쳐 민영화된 KT로 기업 이름이 바뀐, 통신 민영화 과정이 생각나는 대목이네요.

재미있는 것은 쉐라톤워커힐호텔도 처음에는 공기업이었다는 사실입니다. 1960년대 초반 주한 미군들이 놀 수 있는 장소를 제공

해 주려는 목적으로 세워진 이 호텔은 중앙정보부가 세운 국제관광
공사에 의해 운영됐습니다. 공공재와는 무관한 호텔이지만 정부가
필요에 의해 공기업으로 만든 경우입니다. 이 호텔은 1972년에 선
경(지금의 SK)그룹에 팔려 민영화됐습니다. 이밖에 대한항공, 국민
은행·외환은행 등 시중은행, 국정교과서 등이 민영화됐습니다. 이
런 과정을 거쳐 2018년 현재 남아 있는 공기업이 35개이죠. 얼마 남
지 않은 공기업을 계속 민영화해야 한다는 주장과 더 이상 민영화
해서는 안 된다는 입장이 부딪치고 있는 것입니다.

경제학자 이야기

아담 스미스(1723~1790)

영국의 정치경제학자, 윤리철학자. 고전경제학의 대표적 이론가로서 '경제학의 아버지'로 불린다. 1776년 발표한 『국부론』에서, 국가가 경제 활동에 간섭하지 않는 자유 경쟁 상태에서도 '보이지 않는 손'에 의해 경제 질서가 유지되고 발전된다고 주장하였다. 『국부론』은 경제학 사상 최초의 체계적 저서로, 그 후 여러 학설의 바탕이 되었다.

칼 마르크스(1818~1883)

독일의 철학자, 경제학자, 역사학자, 사회학자, 정치이론가, 언론인, 사회주의 혁명가. 인간 사회가 계급투쟁을 통해 진보한다는 이론(마르크스주의)으로 정치사, 경제사, 사상사에 큰 족적을 남겼다. 노동계급의 혁명과 해방을 주장하는 저술·출판 활동에 평생 매진했으며 1848년 출간된 소책자 『공산당 선언』과 3권짜리 『자본론』이 대표작이다.

---

* 자료 출처: 위키피디아

헨리 조지(1839~1897)

미국의 저술가, 정치가, 정치경제학자. 불공정한 토지 제도를 경제적 불평등과 경기변동의 중요한 요소로 파악하고 토지의 공공성을 강조했다. 토지세 개념을 주창하여, 토지의 가치에 세금을 부과함으로써 지주들의 불로소득을 차단하고자 했다. 조지 버나드 쇼, 톨스토이, 쑨원 등이 그의 영향을 받은 것으로 알려져 있다. 저서 『진보와 빈곤』(1879)이 유명하다.

존 메이너드 케인스(1883~1946)

영국의 경제학자. 신고전파 경제학자들의 시장주의를 비판하고, 경기 불황 때 정부가 재정정책을 펼 것을 주장하였다. 그의 이론은 '케인스 경제학'의 뿌리가 되었으며 다른 거시경제학파들에 큰 영향을 미쳤다. 20세기에 가장 큰 영향을 미친 경제학자로 꼽힌다. 2차 대전 후 서구 각국에서 그의 이론을 채택하였으나 이후 세계경기가 침체하면서 영향력이 감소했다가 글로벌 금융 위기 이후 다시 조명받고 있다.

* 자료 출처: 위키피디아

244

글을 마치며

이 책을 읽은 독자가 중학생이나 고등학생이라면 고등학교 졸업 후 대학에 진학하거나 취업할 가능성이 큽니다. 대학에 진학한 사람들도 대부분 졸업 후 취업을 할 것이고요. 공부를 계속하거나 자기 스스로 창업을 하는 사람도 있겠죠. 창업은 1인 기업 설립을 의미하는 경우가 대부분일 겁니다.

우리가 지금 살고 있는 사회는 시장 경제를 기본으로 한 자본주의 체제이며, 이 체제를 움직이는 바탕에는 크든 작든 기업이 있습니다. 현대사회는 기업사회라고도 할 수 있어요. 한 경제학자는 이렇게 이야기했습니다.

"기업의 상업 활동이 없었다면 현대사회는 존재하지 않을 것이며 수많은 상품과 서비스도 얻을 수 없었을 것입니다."

기업은 우리 사회의 부를 창출하는 중요한 주체입니다. 21세기 초반 기업은 전 세계 경제력의 90%를 차지하고 있습니다. 우리가 취업하는 곳도 대부분 기업입니다. 고용의 대부분을 기업이 감당하고 있다는 이야기입니다. 기업은 크기에 따라 대기업도 있고 중소 규모의 작은 기업도 있고, 소유 주체에 따라 민간 기업도 있고 공기업도 있습니다.

이 책은 공기업 민영화에 대해 비판적인 내용을 주로 다뤘습니다. 하지만 공기업 민영화를 비판하는 것이 모든 기업은 공기업이 돼야 한다는 뜻은 절대 아닙니다. 우리나라뿐 아니라 전 세계적으로 기업은 대부분 민간 사기업입니다. 규모와 무관하게 민간 사기업이 공기업보다 압도적으로 많고, 생산과 고용에서 차지하는 비율도 마찬가지입니다. 활발하고 공정한 경쟁을 통해 기업이 혁신하고 소비자에게 값싸고 좋은 상품을 공급해 줄 수 있습니다. 물론 현실에서는 대기업의 횡포, 불공정 경쟁, 독점 기업에 의한 폐해도 많이 있습니다. 그렇다고 과거 사회주의 국가처럼 모든 기업을 국유화하는 것은 대안이 될 수 없습니다.

정부는 민간 기업들이 공정하게 경쟁하고 거래할 수 있도록 환경을 조성할 임무를 가지고 있습니다. 이와 함께 사회 서비스를 포함한 공공재를 공급하는 주체로서 중요한 역할을 해야 하죠. 물, 전기, 에너지와 같은 공공재와 국방, 치안, 의료 등의 분야에는 공공성을 강화하는 정부의 역할이 필수적입니다. 그런데도 이 부분까지 민간 사기업이 진입해서 사적 이윤을 중심으로 운영하는 기업으로 만들려는 것은 막아야 합니다. 이런 차원에서 민영화를 비판하고 반대한 것이라는 점을 강조하고 싶습니다.

마지막으로 이 책의 앞부분에서 강조한 내용을 다시 한번 확인하겠습니다.

"민영화를 할 것인가, 말 것인가는 최종 주권자인 국민의 힘으로 정할 수 있고, 그래야 한다는 것이죠. 그러기 위해서는 모두가 '깨어 있는 시민, 깨어 있는 청소년'이 되어야 하겠죠. 주권 위에서 잠을 자고 있으면 주인이 아니라 노예가 될 수 있습니다. 민영화는 경제 문제일 뿐 아니라 정치 문제이고 다른 사람들 문제가 아니라 바로 우리 모두의 문제라는 사실을 기억해 둘 필요가 있어요."